UNIVERSITÉ DE PARIS. — FACULTÉ DE DROIT

DE LA RESPONSABILITÉ DES TIERS EN MATIÈRE DE REMPLOI

PAR

Édouard FORGET

THÈSE POUR LE DOCTORAT

Présentée et soutenue le samedi 26 mai 1900, à 1 heure

Président : M. PLANIOL, *professeur*

Suffragants { MM. BOISTEL, COLIN } *professeurs*

PARIS

LIBRAIRIE DE LA SOCIÉTÉ DU RECUEIL GÉNÉRAL DES LOIS ET DES ARRÊTS
ET DU JOURNAL DU PALAIS

Ancienne Maison L. LAROSE & FORCEL

22, rue Soufflot, 22

L. LAROSE, DIRECTEUR DE LA LIBRAIRIE

1900

DE

LA RESPONSABILITÉ DES TIERS

EN MATIÈRE DE REMPLOI

INTRODUCTION

Il est une responsabilité bien connue dans le monde des affaires, c'est la responsabilité des tiers en matière de remploi.

On sait que la jurisprudence seule et non pas la loi reconnaît à la femme le pouvoir d'imposer aux tiers, dans son contrat de mariage, une obligation de faire assez délicate, l'obligation de veiller au remplacement de ses biens aliénés par d'autres biens de même nature, et, en conséquence le droit, si le mari n'a pas effectué ce remploi, de poursuivre ces tiers comme personnellement responsables de la faute du mari.

On sait également que la jurisprudence fait

THÈSE

POUR LE DOCTORAT

La Faculté n'entend donner aucune approbation ni improbation aux opinions émises dans les thèses ; ces opinions doivent être considérées comme propres à leurs auteurs.

UNIVERSITÉ DE PARIS. — FACULTÉ DE DROIT

DE LA RESPONSABILITÉ DES TIERS EN MATIÈRE DE REMPLOI

PAR

Edouard FORGET

THÈSE POUR LE DOCTORAT

Présentée et soutenue le samedi 26 mai 1900, à 1 heure

Président : M. PLANIOL, *professeur*

Suffragants { MM. BOISTEL, COLIN } *professeurs*

PARIS
LIBRAIRIE DE LA SOCIÉTÉ DU RECUEIL GÉNÉRAL DES LOIS ET DES ARRÊTS
ET DU JOURNAL DU PALAIS
Ancienne Maison L. LAROSE & FORCEL
22, rue Soufflot, 22
L. LAROSE, Directeur de la Librairie

1900

peser cette lourde responsabilité sur un grand nombre de personnes. Constamment, elle condamne de ce chef les agents de change qui ont négocié en bourse les valeurs soumises au remploi, les sociétés financières, commerciales ou industrielles telles que la Banque de France, le crédit Foncier de France, les compagnies de chemins de fer ainsi que les départements et les villes qui ont opéré le transfert des valeurs de cette nature appartenant à la femme.

Elle condamne également le notaire qui a été, par le contrat de mariage, chargé de surveiller le remploi,

De même le conservateur des hypothèques qui a radié les inscriptions conservant les prix de vente ou les créances soumis au remploi,

Sans compter les acquéreurs des biens de la femme et les dépositaires quelconques des deniers provenant de ces aliénations.

Comme on le voit, cette jurisprudence permet à la femme de créer des obligations à la charge des tiers sans leur consentement.

On comprend aisément qu'une pareille doctrine qui permet à quelqu'un d'obliger les autres sans leur consentement ait soulevé les plus vives critiques et des protestations de toutes sortes.

Au point de vue juridique on a reproché à la jurisprudence de n'avoir pas su trouver un principe sur lequel cette théorie pût être rationnellement établie, et d'avoir organisé, contrairement à tous les principes de droit commun, les conditions et les effets de cette responsabilité ; ainsi, d'avoir déterminé les tiers responsables sans règle générale et avec des exceptions peu justifiées, d'avoir fixé l'étendue de la responsabilité des tiers à l'encontre des principes fondamentaux des obligations de faire, les seules qu'en la matière on conçoive à la charge des tiers ; enfin, d'avoir assigné à cette responsabilité une sanction arbitraire.

Au point de vue économique, on a blâmé la jurisprudence d'en être revenue dans son système au principe suranné de la conservation des biens dans les familles et d'avoir ainsi apporté une entrave au principe moderne de la libre circulation des biens.

Enfin, au point de vue moral, la jurisprudence, dit-on, tolère des recours de la femme que repousserait la plus vulgaire morale. Elle permet à la femme, même quand les tiers ont remis de bonne foi aux époux le prix des biens aliénés, et que ceux-ci ont dissipé les fonds reçus, d'en réclamer une seconde fois le paiement aux tiers qui n'ont pas fait un premier paiement en rigoureuse concordance avec les prescriptions même douteuses du contrat de mariage. Bien plus, on peut imputer à cette théorie d'avoir surexcité l'esprit de fraude, et d'avoir été l'occasion d'un grand nombre d'opérations fâcheuses.

Nous allons essayer de démontrer (et ce sera là notre thèse) que ces critiques n'ont rien de paradoxal, qu'elles sont absolument fondées, d'abord au point de vue juridique, qui formera notre premier chapitre, ensuite au point de vue économique qui fera l'objet du deuxième chapitre, et enfin au point de vue moral qui nous fournira les développements du troisième et dernier chapitre.

Nous n'aurons plus alors qu'à conclure contre une institution contraire tout à la fois aux principes du droit, de l'économie politique et de la morale.

CHAPITRE PREMIER

DE LA RESPONSABILITÉ DES TIERS EN MATIÈRE DE REMPLOI AU POINT DE VUE JURIDIQUE

La théorie de la jurisprudence sur la responsabilité des tiers en matière de remploi a soulevé, comme nous l'avons dit, de nombreuses critiques. Tous les éléments qui constituent cette œuvre de la jurisprudence ont été attaqués.

D'abord on refuse d'admettre le fondement sur lequel repose cette théorie.

Ensuite, on lui reproche les règles arbitraires qu'elle a suivies dans la détermination des tiers soumis à cette responsabilité.

Puis, on trouve singulièrement exagérée l'étendue des obligations imposées aux tiers.

Enfin, on blâme la sanction plus ou moins arbitraire assignée à l'inobservation de ces obligations. Nous allons essayer de justifier dans quatre sections les reproches que nous venons de formuler.

SECTION I

Du fondement de la responsabilité des tiers en matière de remploi

Pour qu'une doctrine puisse être appliquée avec sûreté aux faits de la vie, il est nécessaire qu'elle trouve dans un principe de droit un fondement juridique. Autrement, les tribunaux, mûs par des principes différents, prendront des directions différentes et rendront des décisions contradictoires.

I. — Cette nécessité n'a pas échappé à la Cour de cassation. Dans maints arrêts, elle a formulé son principe sur la responsabilité des tiers en matière de remploi.

Ce principe n'est autre que celui de la liberté des conventions matrimoniales. Si, dit-elle, les tiers sont responsables quand un remploi n'a pas eu lieu, c'est que la convention des époux qui impose cette responsabilité est parfaitement licite, et qu'il serait impossible de la faire rentrer dans les conventions contraires à l'ordre public ou interdites par la loi, art 1387 Code civil.

Que telle soit bien la pensée fondamentale de la Cour de cassation, c'est ce qui résulte clairement d'un arrêt du 19 juillet 1865, que nous croyons devoir citer presque en entier.

« Attendu, dit la Chambre des requêtes, que d'après l'article 1387 du Code Napoléon, la loi ne régit l'association conjugale quant aux biens qu'à défaut de conventions spéciales que les époux peuvent faire comme ils le jugent à propos, pourvu qu'elles ne soient pas contraires à la loi ou aux bonnes mœurs ; que d'après l'article 1497, les époux peuvent modifier la communauté légale par toutes espèces de conventions non contraires aux articles 1387, 1388 et 1390 ; qu'ainsi rien ne s'oppose à ce que, en adoptant le régime de la communauté les époux introduisent quelques-unes des garanties propres au régime dotal, comme réciproquement en adoptant le régime dotal, ils peuvent en modifier les effets ordinaires et y introduire quelques-uns des principes propres au régime de la communauté ; attendu que si en général dans le régime de communauté, la femme conserve sous l'autorisation de son mari ou de justice la libre disposition de ses biens et si en conséquence la clause de remploi des biens propres n'engendre pas de plein droit pour les tiers l'obligation de surveiller le remploi, il en est autrement lorsque cette obligation de surveiller le remploi leur est imposée par une clause expresse et spéciale du contrat de mariage ; attendu que d'autre part une telle clause n'a rien de contraire aux lois et aux mœurs puisque l'obligation qu'elle impose est de droit sous le régime dotal ; que d'une autre part les tiers ne sauraient s'en plaindre, puisque en achetant les biens de la femme, ils ont eu connaissance de son contrat de mariage et accepté ainsi tacitement l'obligation de surveiller le remploi. Attendu d'ailleurs que cette clause ne rend pas les biens de la femme dotaux et inaliénables mais subordonne seulement la réception du prix à une condition que la prudence a pu rendre désirable dans l'intérêt de la famille, etc. »

Il résulte donc bien de cet arrêt que la théorie de la Cour de cassation repose sur ce principe que la clause d'un contrat de mariage qui met à la charge des tiers la responsabilité du défaut de remploi n'a rien d'illicite, qu'elle est conforme à l'ordre public, ainsi qu'à toutes les prescriptions de la loi.

II. — Cette assertion a soulevé les plus vives controverses.

On a dit avec raison que toute convention qui touche à la libre circulation des biens, à leur inaliénabilité est certainement une convention d'ordre public et que, conformément à l'art. 6 du C. c., elle ne peut être admise que si un texte formel et exprès l'impose. Or, il est impossible de nier que la clause qui rend les tiers responsables d'un remploi que les époux devaient faire et n'ont pas fait, rend le bien de la femme inaliénable ou le met dans une situation à peu près équivalente ; elle apporte évidemment une restriction à la capacité habituelle de la femme mariée qui peut, en principe, aliéner ses biens quand elle est autorisée.

L'arrêt a beau dire qu'une pareille clause ne rend pas les biens de la femme inaliénables, mais subordonne seulement la réception du prix à une condition que la prudence a pu rendre désirable dans l'intérêt de la famille, il n'en est pas moins vrai que l'immeuble de la femme ayant été aliéné sans que les époux aient fait remploi du prix, la jurisprudence donne en ce cas à la femme contre le tiers acquéreur le même recours que l'art. 1560 accorde en cas d'aliénation d'un immeuble dotal et inaliénable.

Dans les deux cas, la jurisprudence permet à la femme de demander la nullité de l'aliénation de son bien, de recouvrer son immeuble, sans être tenue de rendre d'autres sommes que celles dont elle se trouve enrichie au jour de sa demande.

Il faut en conclure que la clause qui rend les tiers responsables du remploi est bien une convention d'ordre public, qu'il n'est permis de déroger au ,principe de la capacité de la femme mariée que dans les cas déterminés par la loi.

Or cette concession de la loi n'a été faite ni pour la communauté légale, ni pour les conventions qui peuvent la modifier ou l'exclure.

Donc, la clause qui dans ces régimes soumet les immeubles de la femme à un remploi obligatoire pour les tiers ne peut avoir effet à leur égard ; la femme, en cas d'aliénation de ses biens sans remploi, n'a de recours que contre son mari.

Comme on le voit, la base sur laquelle est assise, d'après la jurisprudence, la responsabilité des tiers dans les remplois, pour les régimes autres que le régime dotal, n'est rien moins que solide. Et il n'est pas étonnant que les partisans quand même de la responsabilité des tiers aient essayé de trouver ailleurs un fondement plus juridique, plus scientifique, plus rationnel.

III. — Il est de principe, ont-ils dit, que les époux qui adoptent le régime dotal ont le droit d'insérer dans leur contrat dotal que tel bien sera dotal et inaliénable, inaliénable d'une façon absolue, ou bien inaliénable seulement dans telles ou telles hypothèses données, par exemple dans l'hypothèse où le remploi ne serait pas réalisé au profit de la femme.

D'un autre côté le législateur n'a imposé aucune règle à la manifestation de la volonté d'adopter le régime dotal.

La soumission à ce régime peut donc être expresse ou tacite, elle peut s'induire d'une clause quelconque, pourvu que l'intention soit certaine.

Ces principes posés, on peut juridiquement en déduire que la femme qui grève un bien d'un remploi obligatoire envers les tiers adopte tacitement pour ce bien le régime dotal : ce qui rend le bien inaliénable au cas où le remploi n'aurait pas eu lieu.

Nulle différence entre le bien expressément dotalisé puis rendu aliénable, si telle condition est réalisée, et le bien tacitement dotalisé et tacitement rendu inaliénable si le remploi n'a pas eu lieu.

Tel serait le vrai fondement sur lequel peut être

assise la responsabilité des tiers en matière de remploi : elle ne serait que la conséquence du principe de l'inaliénabilité des biens dotaux en dehors des cas déterminés soit par la loi, soit par la volonté des parties.

Ce principe admis, il faudrait en tirer toutes les conséquences de la dotalité.

Les biens de la femme grevés de remploi seraient dotaux et comme tels insaisissables pour dettes contractées par la femme pendant son mariage.

Le mari aurait sur ces biens l'administration et la jouissance que tout mari peut avoir sur des biens expressément dotaux.

Rien ne s'opposerait non plus à l'imprescriptibilité des biens grevés du remploi.

IV. — En présence de ces conséquences, la Cour de cassation refuse absolument de prendre pour principe directeur en notre sujet l'inaliénabilité tacite des biens de la femme.

Elle n'admet pas le système des régimes dotaux tacites.

« Attendu, dit la Cour de cassation, 8 juin 1858 (D. 58, 1, 253), que la femme commune qui veut modifier par une clause de dotalité partielle le régime sous lequel elle s'est mariée doit en faire dans le contrat la déclaration expresse, que si à cet égard aucune formule sacramentelle n'est prescrite, l'intention doit toujours être assez clairement énoncée pour qu'aucun doute ne puisse tromper les tiers ; attendu qu'il appartient à la Cour de cassation de déterminer le caractère légal des conventions matrimoniales et d'en qualifier les causes ; attendu que les époux X ont adopté le régime de la communauté avec certaines restrictions et modifications ; attendu que l'article 5 du contrat de mariage des époux X impose au mari, s'il aliène les immeubles de sa femme, l'obligation d'un remploi accepté par elle, ou d'une garantie hypothécaire que les acquéreurs sont tenus de conserver par une inscription ; attendu que cette clause ne présente ni une déclaration expresse de dotalité, comme le veut la loi, ni une explication qui puisse en tenir lieu ; qu'elle ne fait qu'assurer certaines garanties à la femme pour le cas d'une vente volontaire, mais qu'il n'en ressort pas nécessairement que d'une manière absolue et pour les obligations qu'elle pourrait contracter personnellement ses biens personnels se trouvaient frappés de l'inaliénabilité dotale ; attendu dès lors qu'en dehors du cas prévu et qui seul a été l'objet de la clause, la dame X a conservé toute sa liberté de femme commune ; qu'elle a donc pu s'engager envers les tiers sur ses biens personnels ; d'où il suit qu'en refusant à C et à L, ses créanciers, le droit de la poursuivre sur ses immeubles propres, l'arrêt attaqué a faussement appliqué les articles 1392 et 1554, et violé l'article 2092 du dit Code. Casse. »

La Cour de cassation refuse donc dans cet arrêt de reconnaître que les biens de la femme sont insaisissables pour dettes personnelles à la femme et par conséquent inaliénables et dotaux.

Dans un autre arrêt du 13 mai 1885, ch. des req. D. 86, 1, 205, la Cour de cassation refusait encore d'admettre le régime dotal, dérivant d'une clause de remploi obligatoire (1).

Des époux M. se pourvoyaient contre un arrêt qui avait déclaré bonne et valable une saisie faite sur eux, la Cour d'appel ayant jugé qu'ils n'avaient pas adopté le régime dotal, et les époux prétendant que le régime résultait de la clause de remploi.

L'arrêt suprême intervint en ces termes : « Attendu qu'il résulte des déclarations de l'arrêt

(1) Voir également Besançon, 27 juin 1897 D. 98, 2, 24.

attaqué que les époux M. ont adopté dans leur contrat de mariage le régime de la communauté avec faculté d'aliéner les biens qui adviendraient à la femme à charge de remploi, et que la clause où il est dit que pour assurer la conservation d'une partie de la fortune de la femme, celle-ci ne pourra même, avec l'autorisation de son mari ou de justice, s'obliger envers les tiers a pour objet non d'imprimer à certains biens un caractère de dotalité auquel n'ont jamais songé les parties, mais de frapper la femme d'une incapacité personnelle absolue de disposer, ce qui rendrait l'aliénation radicalement nulle ; qu'en statuant ainsi la Cour d'appel de Paris n'a pas dénaturé le sens du contrat, mais n'a fait qu'user du pouvoir d'interprétation qui lui appartenait... »

Il est donc bien établi que la jurisprudence ne veut pas reconnaître le fondement juridique de la responsabilité des tiers en matière de remploi dans le régime dotal, dans le principe de l'inaliénabilité des biens dotaux.

Elle se rappelle sans doute avec quelle difficulté le régime dotal exprès a été lui-même reconnu ; elle se souvient qu'il ne figurait pas dans le projet du Code civil et que ce fut seulement sur les vives réclamations des anciens pays de droit écrit qu'on s'est résigné à lui faire une place dans notre législation moderne, en donnant avec regret satisfaction à une pratique séculaire de cette vieille institution romaine si peu en harmonie avec les principes économiques qui nous gouvernent maintenant.

C'est dans cette pensée que la jurisprudence n'a pas cru pouvoir admettre des régimes dotaux tacites, des régimes dotaux résultant d'une clause de remploi obligatoire à l'égard des tiers. C'est bien là, la perception vraie de l'esprit du législateur sur le régime dotal.

V. — Telles sont les objections sérieuses qui ont été dirigées avec raison contre le fondement juridique sur lequel la jurisprudence a entendu asseoir la responsabilité des tiers en matière de remploi. Mais, il en reste une dernière plus grave que les précédentes et contre laquelle il nous semble impossible de maintenir l'œuvre de la jurisprudence ; c'est celle tirée de l'article 1165 du Code civil qui défend de faire des conventions nuisibles aux tiers ou d'obliger qui que ce soit sans son consentement.

Nous affirmons en effet que la responsabilité des tiers en matière de remploi ne tend à rien moins qu'à imposer aux tiers une obligation de faire absolument contraire au principe fondamental de cet article 1165.

A cela on nous oppose que la loi reconnaît un effet aux conventions matrimoniales à l'égard des tiers, art. 1397, Code civil; que les droits des époux sur leurs biens peuvent être invoqués par les tiers et leur être opposés par le motif que le mariage a produit chez les époux un changement d'état modifiant ainsi leurs droits sur leurs biens; que le changement d'état des époux et les conséquences en résultant quant aux biens doivent exister non seulement dans les rapports des époux entre eux mais encore dans leurs rapports avec les tiers; que le contraire laisserait sans effet aucun le mariage et les conventions matrimoniales; que le mariage et le contrat de mariage intéressent aussi bien les tiers que les époux ; que, si le mari administre et s'il jouit, il ne peut le faire qu'en contractant avec des tiers, que donc nécessairement le mariage et les conventions qui se font à l'occasion du mariage ont effet à l'égard des tiers.

Mais il nous semble que pour répondre à ces objections il suffit de puiser dans les arguments mêmes que les auteurs et la jurisprudence donnent à l'appui de l'opinion attribuant aux conventions matrimoniales effet à l'égard des tiers.

Ainsi, un auteur (1) nous donne ces explications :

« L'article 1165 veut dire qu'on ne peut être « débiteur ni créancier qu'en vertu de son con- « sentement. Ce principe est sans exception ; les « conventions matrimoniales pas plus que d'autres « conventions n'imposent une obligation à celui « qui ne s'est pas obligé et ne donnent un droit « à celui qui n'a point stipulé.

Mais, est-ce que précisément la responsabilité des tiers en matière de remploi ne dérive pas d'une clause qui a imposé une obligation à celui qui ne s'est pas obligé ?

De même, M. Demolombe écrit (2) :

« Ce n'est d'ailleurs qu'au point de vue du « droit personnel qui en résulte que les conven- « tions n'ont d'effet qu'entre les parties contrac- « tantes d'après l'article 1165. Cet article ne s'oc- « cupe pas du droit réel que les conventions « peuvent produire ; c'est dans les art. 1138 et s. « que notre Code a réglé l'effet des conventions à

(1) Laurent, t. XXI, p. 184.
(2) Demolombe, t. XXV, p. 50.

« l'égard des tiers en tant qu'elles sont transla-
« tives de la propriété ou d'autres droits réels.

« Il est bien entendu que le droit total ou partiel lorsqu'il est une fois acquis à une partie « par l'effet d'une convention lui est bien et dû-« ment acquis envers et contre tous. »

Dans le même ordre d'idées la Cour de Cassation (1) a jugé que les conventions matrimoniales, en tant qu'elles transmettent ou modifient les droits réels ou donnent au mari le pouvoir d'administrer plus ou moins librement les biens de la femme, sont susceptibles de profiter aux tiers et de leur être opposées.

Donc, l'obligation de surveiller le remploi, ne constituant pas un droit réel, ne saurait, d'après les autorités que nous venons de citer, avoir effet à l'égard des tiers.

Mais, précisément en commentant l'arrêt que nous venons de rappeler, M. Laurent lui reproche d'énoncer la doctrine dans des termes trop restrictifs. « Ce n'est pas, dit-il, parce que le contrat de mariage constitue des droits réels qu'il peut être opposé aux tiers et invoqué par eux ; les droits réels ont, de leur essence, effet en faveur de tous et contre tous. Mais les droits appartenant

(1) C. rej. 17 décembre 1873, D. 1874, 1. 145.

aux associés, comme tels, sont-ils des droits réels? La question est douteuse, ce qui n'est point douteux, c'est que les conventions matrimoniales étrangères à tout transport de propriété ont effet à l'égard des tiers. La Cour de Cassation l'avoue puisqu'elle ajoute que le pouvoir d'administration du mari profite aux tiers et peut leur être opposé; donc il ne faut pas chercher dans la réalité du droit la raison pour laquelle le contrat de mariage a effet à l'égard des tiers. Le texte du Code encore une fois le prouve. Comment les époux, en tant qu'associés, sont-ils tenus des dettes de la communauté à l'égard des tiers? Pour moitié s'ils ont adopté le régime de la communauté légale ou dans une proportion différente s'ils ont dérogé au droit commun. Il ne s'agit là ni d'administration ni de droits réels, et néanmoins les époux peuvent se prévaloir de leurs conventions contre les tiers et ceux-ci peuvent les invoquer contre les époux. C'est que les tiers traitant avec des époux doivent tenir compte du régine qui fait la loi des associés.

« Il en est de même des dérogations plus importantes au droit commun, de l'inaliénabilité des biens dotaux; dans ce cas il n'est question ni d'administration ni de transmission de droits réels et néanmoins l'inaliénabilité a effet à l'égard des tiers.

Le principe que les conventions matrimoniales ont effet à l'égard des tiers est donc général, sauf les exceptions que le Code y apporte. »

Nous répondrons que si le régime dotal est opposable aux tiers, ce n'est pas une raison pour en conclure que la clause du remploi obligatoire leur est opposable également.

Le régime dotal, déterminé par le Code civil, prohibe purement et simplement les aliénations; il ne met donc à la charge des tiers aucune obligation de faire. Il les prévient seulement qu'ils ne peuvent acquérir, prescrire, ni saisir les biens dotaux sauf dans les cas exceptionnels prévus par la loi. Et même dans ces cas exceptionnels, les tiers n'ont qu'à examiner si les formalités préalables à l'adjudication en justice ont été remplies, comme ils auraient à le faire pour la vente de biens de mineurs ; et, ils paient leur prix suivant les règles de droit commun.

La responsabilité des tiers en matière de remploi est donc contraire au principe de raison formulé par l'article 1165 du Code civil en vertu duquel on ne peut faire une convention nuisible à un tiers, ou, ce qui revient au même, en vertu duquel on ne peut obliger un tiers sans son consentement.

SECTION II

De la détermination des tiers responsables du défaut de remploi.

Nous venons de voir sous la première section de ce chapitre que la jurisprudence a pris comme fondement de la responsabilité des tiers en matière de remploi la liberté des conventions matrimoniales.

S'appuyant sur ce principe, elle a jugé que les tiers pouvaient être rendus responsables de la faute du mari ; qu'en effet le contrat de mariage avait imposé au mari, qui y avait consenti, l'obligation d'effectuer le remploi des deniers provenant du prix de vente des biens de la femme ou du remboursement de ses créances ; et que ce même contrat chargeait les tiers qui n'y avaient pas apposé leur signature, de l'obligation de veiller à ce que le mari remplît cet engagement, et les rendait garants de son inexécution.

Nous avons démontré que cette obligation ainsi

mise à la charge des tiers constituant une obligation de faire, tombait, comme toute obligation de faire, sous l'application de l'article 1165 qui ne permettait pas de leur imposer une obligation portant une responsabilité, alors qu'ils n'ont pas été parties à une convention.

I. — Cela nous a permis de repousser la responsabilité des tiers en matière de remploi au point de vue de son fondement ; nous nous proposons de démontrer, dans ce chapitre, que la jurisprudence, étant partie d'un principe faux dans l'appréciation de la nature de cette clause de remploi, a usé encore d'arbitraire lorsqu'il s'est agi d'interpréter cette clause au point de vue de la détermination des tiers auxquels elle pouvait être opposée.

Cette clause est en effet toute conventionnelle et comme telle, si on la juge opposable aux tiers, doit, tout au moins, être appliquée à ceux-ci d'après les règles applicables aux conventions.

Or, lorsqu'on parcourt les différentes espèces citées dans les arrêts qui ont eu à statuer sur la matière, on se trouve en présence de deux hypothèses générales.

II. — Ou bien la femme s'est contentée de stipuler, d'une façon générale, que les tiers seraient responsables du défaut de remploi sans indiquer plus particulièrement telle ou telle catégorie de personnes susceptibles de constituer les tiers ainsi visés.

Ou bien la femme voulant ménager le crédit de son mari, qu'un régime restrictif de la capacité de la femme entame toujours singulièrement, a limité le nombre des tiers responsables à telles ou telles catégories de citoyens particulièrement désignés par leurs fonctions pour s'occuper des transactions mobilières ou immobilières : les agents de change et les notaires.

Nous allons étudier les décisions de la juriprudence dans ces deux hypothèses en deux paragraphes distincts et voir comme nous l'avons dit que, dans son interprétation des clauses rentrant dans ces deux hypothèses, elle a enfreint les règles du droit commun au point de vue de la détermination des tiers.

§ I. — *L'obligation de surveiller le remploi est imposée aux tiers sans indication particulière ni exception.*

Lorsque le contrat de mariage ne détermine pas les tiers qui seront responsables du défaut de remploi, le mot tiers n'est pas suffisant à lui seul pour permettre de reconnaître les personnes qui peuvent être qualifiées telles.

On sait d'ailleurs, sans qu'il soit besoin de le rappeler autrement, que ce mot, suivant l'opération juridique à laquelle il se réfère, a des sens différents.

Mais, le principe sur lequel s'appuie la jurisprudence en la matière, — la liberté des conventions matrimoniales — permettant d'opposer ces conventions à tous, et la clause du remploi obligatoire (qu'elle ait un fondement vrai ou faux) ayant pour but de conserver à la femme son patrimoine à l'aide de ce remploi, il semble conforme aux règles ordinaires en matière d'interprétation des conventions qu'on doive considérer comme tiers susceptibles d'encourir cette responsabilité — c'est-à-dire comme ayant contracté une obligation envers la femme — tous ceux qui ont pris une part directe au dessaisissement par la femme de son bien, sans s'être assurés que le remploi ait été effectué.

Or, si l'obligation dont il s'agit est considérée comme valablement contractée, d'après le droit commun elle doit être appliquée sans exception à tous les tiers, individus ou personnes morales qui auront pris une part directe à ce dessaisissement.

Les tribunaux paraissent bien considérer, comme cause de leur responsabilité, la part qui a été ainsi prise à l'aliénation des biens de la femme, lorsqu'ils condamnent à l'occasion du défaut de remploi :

L'agent de change, le notaire, l'acquéreur de l'immeuble,

Les Compagnies de chemins de fer, les établissements commerciaux, industriels et financiers, les villes et départements opérant le transfert des titres qu'ils ont émis,

Les sequestres, les établissements ou les particuliers dépositaires ou détenteurs de deniers soumis au remploi,

Et les conservateurs des hypothèques qui ont radié sans justification du remploi les inscriptions conservant les sommes soumises au remploi.

Mais ils ne font pas figurer dans les tiers, l'Etat.

Il n'y a cependant pas de raison d'exonérer de cette responsabilité l'Etat plutôt que les villes et les particuliers.

En droit commun l'Etat, lorsqu'il a encouru une responsabilité, en subit les conséquences comme tout individu.

Ainsi, lorsque nous examinons l'œuvre de la jurisprudence à propos de la responsabilité des tiers en matière de remploi, en nous plaçant au point de vue de la détermination des tiers, nous voyons dans la première des deux hypothèses à étudier dans cette section, que la jurisprudence, au cas où l'obligation imposée par la femme, a été conçue en termes généraux, n'applique pas les règles du droit commun qui lui prescrivent d'exiger l'exécution de cette obligation de la part de tous les tiers, si elle juge cette obligation valable, et qu'elle procède arbitrairement en y soustrayant certaines personnes, en l'espèce, l'Etat.

§ II. — *L'obligation de surveiller le remploi est imposée exclusivement à certains tiers.*

Nous avons dit, dans le préambule de cette section, que la clause du remploi obligatoire étant entièrement conventionnelle devait, si on la jugeait opposable aux tiers, être tout au moins appliquée à ceux-ci d'après les règles du droit commun;

Que dans son interprétation de cette clause au point de vue de la détermination des tiers, la jurisprudence avait enfreint les règles du droit commun en usant d'arbitraire dans son appréciation.

Dans le premier paragraphe de cette section, nous avons fait voir cet arbitraire, au cas où la femme a imposé aux tiers l'obligation de surveiller le remploi sans indiquer particulièrement ces tiers ni en excepter aucun.

Dans ce deuxième paragraphe, nous allons examiner les décisions de la jurisprudence en présence d'une clause qui restreint à certains tiers l'obligation de surveiller le remploi.

I. — Nous verrons qu'elle donne en ce cas aux conventions matrimoniales une interprétation souvent entachée d'arbitraire, qu'elle enfreint les règles de droit commun.

En effet, puisque sa théorie repose sur la liberté des conventions matrimoniales, elle doit respecter le principe dominant des conventions de cette nature, qui est de ne pouvoir recevoir aucun changement après la célébration du mariage.

II. — Or, l'étude de presque toutes les clauses matrimoniales, où la femme a limité à des tiers déterminés l'obligation de surveiller le remploi que doit faire le mari, met en relief deux intentions chez la femme :

1° L'idée de ménager le crédit de son mari en n'imposant cette obligation qu'à des catégories de personnes nommément désignées.

2° Et celle d'obtenir d'une façon pratique les avantages que peut lui assurer une pareille clause en arrêtant son choix parmi les personnes susceptibles de prendre part à la négociation de ses biens sur celles qui semblent particulièrement désignées par leur fonction et le crédit dont elles jouissent dans le monde des affaires, nous voulons dire les agents de change et les notaires.

III. — Donc, si la femme a ainsi précisé les tiers auxquels incombe la responsabilité du défaut de remploi, le principe dominant qui régit les conventions matrimoniales, corroboré par les motifs qui ont fait faire à la femme ces conventions, s'oppose d'après le droit commun à ce que les personnes désignées par la femme pour être chargées de surveiller le remploi, soient remplacées par d'autres individus.

Peu importe que le choix des personnes remplaçantes soit fait par les tribunaux, nous savons en effet que ceux-ci n'ont pas plus que les parties qualité pour modifier, postérieurement au mariage, les conventions matrimoniales.

Et si, en certains cas, de sérieuses difficultés entravent l'application de ces conventions, il n'en résulte pas pour les tribunaux, le droit de remédier aux inconvénients qu'elles présentent, en les modifiant au cours du mariage, quelles que soient les commodités résultant de ces changements.

IV. — Une jurisprudence même constante, utile même dans son principe, et nous ne pensons pas que ce soit le cas, doit être abandonnée, si elle n'a pas ses racines dans les dispositions formelles de la loi, parce qu'il vaut mieux signaler une lacune des conventions matrimoniales en usage que de la combler arbitrairement. Si elle est signalée, le public est contraint de modifier ces conventions ou d'y renoncer, ou encore s'il y trouve avantage, de forcer le pouvoir législatif à intervenir, pour leur donner légalement effet; si les tribunaux s'arrogent le pouvoir de la combler, ils perpétuent un état précaire au lieu de concourir à constituer un état définitif.

C'est ainsi que, même en supposant opposable aux tiers la clause de remploi, nous nous croyons autorisés à critiquer des substitutions de responsabilité qui se font journellement : Nous voulons parler des sequestres nommés par les tribunaux quand l'agent de change négociateur des fonds vendus et le notaire chargé de la quittance du prix de l'immeuble acheté en remploi par la femme ne sont pas à proximité l'un de l'autre.

V. — La distance qui sépare le notaire et l'agent de change peut occasionner une difficulté pratique.

L'agent de change, débiteur de fonds quérables et non portables, ne peut être obligé de quitter sa charge pour aller faire le paiement en un endroit éloigné; il s'y trouve autorisé par l'article 1247 du Code civil. Le notaire de son côté, ne peut pas instrumenter en dehors de son ressort; de plus, l'établissement détenteur ou débiteur des titres à vendre peut refuser d'effectuer le transfert, si on ne lui justifie pas du remploi. Dans ces circonstances, les valeurs soumises simplement au remploi se trouvent frappées d'une véritable inaliénabilité de fait.

La pratique a suggéré alors l'idée de faire commettre par la justice un sequestre chargé :

1° De recevoir des mains de l'agent de change les fonds produits par l'aliénation des valeurs.

2° De surveiller le remploi de ces fonds dans les conditions prescrites par le contrat de mariage.

VI. — Pour justifier cette nomination du sequestre, on a dit que ce n'est pas se désintéresser de la surveillance du remploi que de la confier à un tiers désigné par la justice, qu'au surplus ce genre de sequestre est conforme à l'esprit des articles 1955 et suivants du Code civil.

VII. — Ces arguments ne nous paraissent pas du tout décisifs.

Si on juge la clause de remploi opposable aux

tiers on doit la traiter comme toutes les conventions matrimoniales, c'est-à-dire comme ne pouvant recevoir aucun changement après la célébration du mariage.

La femme ayant par son contrat de mariage fait choix de personnes déterminées pour se reposer sur elles du soin de surveiller le remploi, c'est changer une des parties essentielles de ce contrat que de substituer la responsabilité d'une personne à celle d'une autre.

Car le sequestre, une fois nommé, sera d'après la jurisprudence définitivement responsable, et non plus l'agent de change.

Ce point capital étant hors de contestation, il devient d'un intérêt secondaire de savoir si la fonction du sequestre telle qu'elle est déterminée par les articles 1955 et suivants du Code civil, conviendrait aux obligations qui incomberaient au sequestre nommé en notre espèce.

Nous disons que cette substitution de responsabilité est contraire au principe de l'immutabilité des conventions matrimoniales, nous ajouterons qu'ayant pour but d'obvier à un inconvénient de la pratique, elle n'a pas supprimé toutes les difficultés que cette clause matrimoniale présentait.

VIII. — La question s'est présentée de savoir comment nommer le sequestre dont nous nous occupons. Il y a controverse sur ce point, et la solution donnée dans tous les cas donne matière à critique.

Les uns sont pour la nomination en référé, les autres pour un jugement sur requête en Chambre de conseil.

Dans le premier cas on a obtenu une décision qui n'a rien de définitif ne pouvant préjudicier au fond.

L'autre mode de nomination ne peut pas acquérir force de chose jugée, ce qui en fait, revient au même.

Les difficultés d'ordre juridique sont, on le voit, assez graves.

A un autre point de vue, la nomination du sequestre ne paraît pas absolument conforme au but que poursuit la femme en soumettant sa fortune au remploi obligatoire. Or, la nomination du sequestre est assez onéreuse; les dépenses exagérées et non indispensables n'ont jamais passé pour un signe de bonne gestion de la fortune.

TROISIEME SECTION

De l'étendue de la responsabilité des tiers en matière de remploi.

Nous croyons avoir démontré dans la première section de ce chapitre, que la jurisprudence avait à tort jugé opposable aux tiers la clause par laquelle la femme, après avoir imposé à son mari qui y a consenti l'obligation de surveiller le remploi de ses biens aliénés, mettait, par son contrat de mariage, à la charge des tiers qui n'y avaient pas opposé leur signature, l'obligation de veiller à ce que le mari remplît cet engagement et les rendait garants de son inexécution.

Nous avons fait ressortir, dans la deuxième section de ce chapitre, que la jurisprudence, étant partie d'un principe faux dans l'appréciation de la validité de cette clause de remploi, a usé encore d'arbitraire lorsqu'il s'est agi de l'interpréter au point de vue de la détermination des tiers auxquels elle pouvait être opposable, d'après les règles de droit commun.

I. — Nous nous proposons d'examiner dans la présente section les obligations que la jurisprudence met à la charge des tiers pour les exonérer de leur responsabilité.

Cet examen nous donnera encore l'occasion de trouver que ces obligations sont exagérées et peu conformes aux principes d'interprétation des concontrats.

La responsabilité des tiers en matière de remploi aurait pour cause unique, d'après ce que nous avons vu sous la section précédente, leur obligation de surveiller le remploi résultant tout à la fois de la convention matrimoniale et de la part prise par le tiers à l'aliénation du bien de la femme comme acquéreur, notaire, agent de change etc.

II. — Cette obligation de surveiller le remploi doit, au point de vue de son exécution, s'apprécier en elle-même, quant à sa nature propre ; en ce qui concerne l'acquéreur par exemple, indépendamment des obligations que le code met à la charge de l'acheteur ; pour l'agent de change indépendamment des obligations professionnelles que lui impose sa qualité d'intermédiaire officiel pour la négociation des valeurs de Bourse.

Or, cette obligation de surveiller le remploi est une obligation de faire. Quand son interprétation soulève un doute, il faut en faire bénéficier le débiteur ; à plus forte raison n'est-il pas permis d'étendre le sens d'une clause qui sort du droit commun. En ce cas, la convention fait la loi des parties et, si le résultat produit par l'application stricte de la clause ne procure pas à la femme tous les avantages qu'une rédaction plus complète aurait pu lui assurer, nous ne voyons pas dans cet inconvénient tout relatif un argument suffisant pour suppléer d'une façon arbitraire aux imperfections de cette convention matrimoniale.

III. — Nos critiques s'adressent d'une façon générale aux décisions de la jurisprudence relatives à l'étendue de la responsabilité des tiers en matière de remploi ;

Soit que ses arrêts aient été rendus dans des espèces où la femme s'était contentée de soumettre l'aliénation de tout ou partie de son patrimoine à un remploi opposable aux tiers, sans spécifier les conditions qu'elle exigeait pour la perfection du remploi ;

Soit que ses décisions aient porté sur des clauses où la femme avait pris soin de limiter les conditions de validité du remploi que les tiers auraient l'obligation de surveiller.

IV. — Nous nous proposons de les développer en groupant dans deux paragraphes les obligations qu'elle met à la charge de tiers.

Le premier sera consacré aux conditions qu'elle réclame au cas d'un remploi stipulé en termes généraux ; le second à ses exigences alors même que la femme a pris soin de limiter les conditions de validité du remploi que les tiers ont l'obligation de surveiller.

§ I. — *Les obligations des tiers n'ont pas été spécifiées.*

Lorsque la femme s'est contentée de stipuler que l'aliénation de tout ou partie de son patrimoine ne serait permise qu'à la charge de remploi, sans spécifier les conditions dont l'inaccomplissement entraînerait la responsabilité des tiers, la jurisprudence exige pour leur décharge qu'ils aient veillé à l'exécution des deux conditions suivantes :

En premier lieu, le remploi doit avoir été accepté par la femme dans une certaine forme.

En second lieu, il faut qu'il soit efficace ou suffisant.

L'obligation pour les tiers de veiller à l'accomplissement de ces conditions nous paraît résulter d'une interprétation, rigoureuse à leur égard, de la convention qui les lie, par suite contraire, nous semble-t-il, au droit commun ; nous allons en donner les motifs en étudiant séparément chacune de ces conditions.

A. — Obligation de veiller à l'acceptation du remploi.

I. — Au cas où la femme s'est bornée à obliger les tiers à surveiller le remploi sans spécifier les conditions qu'ils devraient exiger du mari dans la réalisation de ce remploi, la jurisprudence met à leur charge l'obligation de veiller à ce que le remploi soit accepté par la femme et à ce que cette acceptation soit donnée dans une certaine forme et avant la dissolution du mariage.

Ces exigences sont formulées notamment dans l'arrêt suivant :

« Attendu que la clause du contrat de mariage

« qui avait stipulé d'une manière générale l'emploi « de la dot en acquisition d'immeubles n'avait rien « de dérogatoire aux principes du code en matière « de remploi ; que le mandat qu'elle conférait au « mari ne pouvait faire que contrairement à l'ar- « ticle 1435, cette acquisition faite par lui avec dé- « claration d'emploi en prît le caractère vis-à-vis « de la femme indépendamment de son acceptation « formelle (1) ».

La jurisprudence, on le voit, s'appuie sur l'article 1435 pour fonder ses exigences relatives à l'obligation pour les tiers de veiller à ce que le remploi soit accepté par la femme et à ce que cette acceptation soit faite dans une certaine forme et avant la dissolution du mariage.

Nous rappelons le texte de cet article :

« La déclaration du mari que l'acquisition est « faite des deniers provenus de l'immeuble vendu « par la femme et pour lui servir de remploi ne « suffit point, si ce remploi n'a été formellement « accepté par la femme : si elle ne l'a pas accepté, « elle a simplement droit, lors de la dissolution de « la communauté, à la récompense du prix de son « immeuble vendu. »

(1) Ch. c. 12 juin 1865. D. 1.146.65.

II. — Il s'agit de savoir si cet article est applicable à la responsabilité des tiers en matière de remploi d'un bien dotal. Nous ne le croyons pas pour plusieurs motifs.

III. — Lorsqu'il s'agit de déterminer l'étendue d'une responsabilité résultant d'une convention, autrement dit l'étendue d'une garantie, ce qui est à considérer pour la mesure de cette responsabilité ou garantie, ce ne sont pas les effets que la convention est destinée à produire dans le patrimoine du créancier, mais les obligations mises à la charge du débiteur.

Ces obligations doivent être suffisamment claires et dans tous les cas les principes ne permettent pas de les interpréter d'une façon rigoureuse contre le débiteur.

IV. — Et si, en supposant toujours la validité de la clause de remploi à l'égard des tiers, nous disons que l'effet que la convention est destinée à produire dans le patrimoine du créancier ne doit pas être l'objet principal pris en considération par le juge, ce n'est pas que nous lui refusions dans la matière qui nous occupe la place à laquelle cette clause toute spéciale le destine puisque logiquement le résultat obtenu doit correspondre aux obligations des tiers relativement à la surveillance du remploi.

Mais nous pensons que même en considérant le résultat poursuivi par la femme et les conditions nécessaires pour que ce but soit atteint comme la source des obligations des tiers acquéreurs en matière de remploi, les prescriptions de l'article 1435 ne s'appliquent pas aux modalités du régime dotal sans indication expresse de la femme.

En effet, en le lisant attentivement nous trouvons qu'il n'a pas été placé sans raison dans la section traitant de l'administration de la communauté et de l'effet des actes de l'un ou l'autre des époux relativement à la société conjugale.

V. — Dans cet article, le législateur selon nous n'a pas eu pour objet principal de déclarer que la femme ne se verrait pas imposer malgré elle une acquisition en remploi ; point n'était besoin de le dire, le mari, s'il n'a procuration expresse dans le contrat de mariage ou ailleurs ne peut acquérir au nom de sa femme que comme *negotiorum gestor*, et, dans ce cas, le défaut de ratification expresse ou tacite de celle-ci ou de ses héritiers empêcherait le bien de faire partie de son patrimoine.

VI. — La nécessité de l'acceptation du remploi par la femme se trouve en réalité plutôt exigée dans l'intérêt du mari et de ses créanciers ou de ceux de la communauté.

L'article veut que cette acceptation soit contemporaine du remploi lui-même ; si elle n'est pas faite à cette époque la femme a simplement droit, lors de la dissolution de la communauté, à la récompense du prix de son immeuble vendu.

Ne sommes nous pas quelque peu autorisés à dire qu'en s'exprimant ainsi le législateur a eu en vue surtout la consistance de la masse des biens communs à l'égard tout à la fois du mari et des créanciers de la communauté.

A l'égard du mari, en ce sens que celui-ci a intérêt en sa qualité d'administrateur des divers patrimoines, à ce que la femme ne retarde pas son option afin de profiter d'une plus-value ou d'éviter une perte ; à l'égard des créanciers de la communauté, pour ne pas permettre à la femme de changer la consistance de la communauté et de faire l'option à laquelle nous faisons allusion au détriment des créanciers.

Si la formalité de l'acceptation avait été prescrite par le législateur dans l'intérêt exclusif de la femme, pour lui éviter un remploi contre son gré, rien n'eût empêché de lui permettre de faire son option postérieurement au mariage ou lors de sa dissolution.

Or, cette faculté lui est refusée d'une façon absolue.

On peut, nous semble-t-il, dire sans trop de témérité que le remploi n'est que la consolidation pratique des récompenses dues à l'occasion de l'aliénation des propres des époux.

Ce que les jurisconsultes avaient considéré comme l'instrument de protection de la fortune de la femme commune, c'était le système des récompenses. Le remploi n'en est que la résultante. Et de même que relativement aux créances de la femme contre son mari, on a déterminé le rang qu'elles auraient suivant leur origine au lieu de leur donner un point de départ unique sans distinction (art. 2135), on n'a pas voulu laisser d'incertitude sur la propriété des immeubles ; le législateur a voulu que les tiers, dans le sens le plus étendu de ce terme, pussent savoir s'ils dépendaient de la communauté ou appartenaient à la femme.

VII. — Mais, nous objectera-t-on, si l'obligation qu'a le tiers de veiller à ce que la femme ait accepté le remploi ne provient pas de la nécessité de s'assurer que le remploi lui agrée, on peut trouver à cette obligation un fondement en ce que si l'acceptation n'a pas été faite, l'immeuble ne se trouvera pas dans les conditions voulues pour que la femme le soustraie à l'action des créanciers du mari.

VIII. — Nous répondrons en premier lieu que ce n'est pas le motif que la jurisprudence donne à l'obligation qu'elle impose aux tiers, et que nous occupant de ses décisions, nous examinons avant tout les motifs sur lesquels elle les fonde.

IX. — Nous pourrons ajouter que le remploi dont il s'agit est spécial à la communauté, purement facultatif pour le mari et non opposable aux tiers ; nous recourrons ensuite aux principes qui nous guident dans l'appréciation de ses arrêts sur la matière. Nous dirons que les obligations mises à tort ou à raison conventionnellement à la charge des tiers doivent en tous cas être envisagées au point de vue de leur nature juridique d'obligations de faire.

X. — La femme avait la faculté d'adopter un

régime complet avec des garanties exceptionnelles en sa faveur.

Ce régime contient des prohibitions absolues à l'encontre des tiers.

Ces derniers sont prévenus d'une façon très claire et très précise des inconvénients auxquels ils s'exposent en acquérant un bien déclaré purement et simplement inaliénable.

D'autre part, dans les cas exceptionnels où l'aliénation en est permise (art. 1558), le tiers qui se rend acquéreur du bien dotal n'a qu'à voir si les formalités nécessaires pour la vente aux enchères ont été remplies.

Les règles qui régissent ces formalités sont absolument déterminées et ne soulèvent pas de difficultés d'interprétation.

Lors de l'aliénation d'un bien dotal absolument inaliénable, il n'est plus question de l'étendue de la responsabilité du tiers acquéreur dérivant d'une clause conventionnelle mettant à la charge une obligation de faire, même au cas de vente de l'article 1558.

Il se trouve en face d'une prohibition ; il l'enfreint, conséquemment la femme a une action pour faire annuler l'opération et reprendre son bien.

Le tiers sait exactement à quoi il s'expose en

voulant acquérir un bien dotal absolument inaliénable ; l'étendue de sa responsabilité ne sera plus du même ordre que celle imposée conventionnellement au tiers chargé de surveiller le remploi. La responsabilité de ce denier est plutôt une garantie qu'une responsabilité. Sa mesure sera donc déterminée par la convention.

Et cette convention doit être interprétée en sa faveur à lui débiteur.

D'autant que par exemple l'acceptation formelle de la femme dotale n'est pas indispensable pour que le bien lui soit propre comme dans l'hypothèse du remploi facultatif sous la communauté. D'abord, dans l'hypothèse où le mari est mandataire de la femme pour faire le remploi, il semble absolument excessif à l'égard du tiers acquéreur de ne pas vouloir admettre que ce mandat comporte la mission d'effectuer intégralement l'opération prévue ; le mandat d'acquérir d'après les règles de droit commun ne se borne pas à conférer le pouvoir de faire une promesse d'acquisition, mais de réaliser l'opération dans son entier, opération ayant pour effet de mettre le nouveau bien dans le patrimoine du mandant.

D'autre part, sous le régime dotal, lorsque le mari a agi comme gérant d'affaires en acquérant un bien pour le compte de la femme, ce bien appartient à celle-ci, à moins qu'elle ne veuille pas ratifier expressément ou tacitement l'acquisition.

Donc à l'égard du tiers chargé de surveiller le remploi, cette opération est en réalité effectuée ; d'autant plus, qu'ainsi que nous l'avons expliqué, l'acceptation de l'article 1435 n'est pas faite dans l'intérêt de la femme.

XI. — On nous objectera que le bien ne sera pas dotal d'après la théorie de la jurisprudence qui applique en la matière les règles de l'article 1435 pour la validité du remploi.

XII. — Nous répondrons en premier lieu que la femme a créé un régime conventionnel en empruntant des garanties à un régime de droit étroit; que, en supposant toujours vrai le fondement de la responsabilité des tiers en matière de remploi, l'extension des garanties empruntées à ce régime n'est pas possible d'après les règles d'interprétation de droit commun. Qu'au surplus la convention, en la jugeant valable, ne resterait pas sans effet, puisque la femme aurait toujours la faculté de conserver le bien acquis en remploi au lieu d'avoir une simple créance contre son mari et qu'au cas où elle ne voudrait pas ratifier cette acquisition, elle aurait toujours sa créance.

XIII. — Qu'en outre l'argument tiré de ce que le défaut d'acceptation pourra empêcher la femme, d'après l'interprétation de la jurisprudence, de retrouver dans le nouveau bien la qualité dotale de l'ancien ne nous touche pas autrement.

Nous nous proposons en effet de démontrer sous la section quatrième de ce travail, lorsque nous apprécierons les décisions de la jurisprudence relativement à la sanction de la responsabilité des tiers, — nous nous proposons de démontrer que la sanction qu'elle autorise en certains cas ne permet pas à la femme de retrouver dans le bien acquis en remploi la qualité dotale qu'avait le bien aliéné.

B. — Obligation de veiller à ce que le remploi soit efficace.

Lorsque la femme n'a pas précisé les obligations des tiers, la jurisprudence exige pour leur décharge que le remploi soit efficace.

Nous allons examiner l'ensemble des conditions qu'elle réclame pour reconnaître dans le bien servant de remploi les qualités d'efficacité qui déchargeront les tiers de toute responsabilité.

I. — Elle veut d'une façon générale que ce bien fournisse à la femme l'équivalent de celui aliéné.

Cette exigence, si l'on admet la validité de la clause de remploi à l'égard des tiers, paraît au premier abord assez raisonnable ; mais nous sommes en matière juridique et comme c'est un tiers personnellement désintéressé en l'espèce qui doit en fin de compte en supporter les conséquences, il s'agit de savoir tout à la fois les conditions auxquelles la jurisprudence reconnaît l'équivalence dans le bien acquis en remploi et si les motifs sur lesquels elle fonde ses exigences sont exacts.

II. — Elle veut par exemple que le bien acquis en remploi soit à l'abri de tout péril d'éviction ; et voici comment elle entend la chose :

III. — Elle n'admet pas que la femme acquière par vente ou échange en remploi de son prix un immeuble pour un prix supérieur à la somme à remployer si, en payant l'excédent avec d'autres deniers à elle propres, elle n'a pas pu éviter que du chef de cet excédent l'immeuble acquis en remploi ne fût grevé du privilège de vendeur ou de co-échangiste.

Ainsi, dans une espèce de ce genre, la Cour de cassation a rendu l'arrêt suivant :

« Attendu que suivant son contrat de mariage, « la femme Lavandier s'est mariée sous le ré- « gime dotal avec constitution de tous ses biens « présents et à venir, que cependant elle s'est « réservé le pouvoir de vendre, échanger et « aliéner de toutes manières ses biens dotaux, à « la charge par le mari en recevant les prix de « vente ou soultes d'échange, de les colloquer à « titre de remploi ou de les reconnaître, ou encore « de fournir caution, le tout sur des immeubles « suffisants et libres ;

« Attendu que par acte en date du...... la « femme Lavandier a échangé un immeuble dotal « contre d'autres appartenant à la femme Li- « goutte ; que par cet acte la femme Lavandier « s'est engagée à payer à la femme Ligoutte une « somme de 2000 francs ; attendu que s'il est vrai « que les immeubles reçus en contre échange par « la femme Lavandier représentaient tout à la fois « son immeuble dotal aliéné et la soulte de « 2000 francs par elle promise, il n'est pas moins

« certain que l'obligation par elle prise de payer « cette soulte garantie par un privilège qui affec- « tait la totalité des immeubles reçus en contre « échange, la plaçait dans un péril d'éviction de « ces immeubles acquis pour lui tenir lieu de « l'immeuble dotal aliéné ; que la condition du « remploi en biens libres telle qu'elle avait été « stipulée au contrat de mariage n'était point dès « lors, observée ; que pour ce motif l'aliénation du « bien dotal qui a été la conséquence de l'échange « doit donc être annulée ; attendu que si la femme « Lavandier s'était par son contrat réservé comme « libre et paraphernale une somme de 3 000 francs « à prendre sur ses capitaux ou sur le prix de la « vente de ses immeubles propres, cette réserve « n'emportait pas la faculté de s'engager pour « une telle somme en mettant en péril d'éviction « la totalité des immeubles reçus en échange de « sa dot par l'affectation privilégiée de ses biens « au paiement de son obligation.

« Attendu qu'en déclarant dans ces circons- « tances que la femme Lavandier avait par « l'échange dont s'agit valablement aliéné son « immeuble dotal la Cour de Bordeaux a violé les « dispositions de loi susvisées.

« Par ces motifs casse... »

IV. — Nous n'entrons pas dans le détail de toutes les conditions que d'après la jurisprudence les tiers ont l'obligation de surveiller; elles aboutissent toutes à exiger chez les tiers des appréciations que seuls des hommes d'affaires expérimentés sont à même de porter.

En imposant une pareille responsabilité aux tiers, la jurisprudence déroge au droit commun. Quand la femme s'est contentée de dire qu'il serait fait emploi du prix de ses propres et que les tiers seraient responsables du défaut de remploi, nous n'avons pas de textes qui déterminent les conditions que doit présenter un immeuble pour servir de remploi, conditions à l'existence desquelles les tiers auraient l'obligation de veiller.

V. — Nous avons vu à propos de l'obligation imposée aux tiers de veiller à ce que le remploi soit accepté que la jurisprudence, pour exiger des tiers cette obligation, se fondait sur l'art. 1435 du Code civil.

Si l'on tire argument des prescriptions de cet article et de l'article 1434 dont il n'est que le corollaire, on ne voit pas qu'ils laissent présumer que le remploi puisse consister en autre chose que dans le remplacement de la totalité des capitaux provenus de l'aliénation dans un autre bien.

Quant aux qualités que doit présenter le nouveau bien, absence de péril d'éviction, utilité, suffisance, etc., qualités dont la surveillance constituerait une obligation pour les tiers en matière de remploi, nous n'en trouvons pas trace en ces articles.

Il n'est question de l'utilité d'emploi ou remploi que dans l'article 1450 pour le cas de séparation de biens et encore c'est dans un sens négatif même pour le mari.

L'article visant les cas où ce dernier pourra être responsable de l'emploi ou remploi, ajoute qu'il ne pourra pas être responsable de l'utilité de cet emploi sans donner toutefois de définition du mot utilité.

VI. — La jurisprudence, en exigeant des tiers l'obligation de veiller à ce que le bien acquis en remploi présente toutes les qualités qu'elle requiert, interprète donc l'obligation mise à la charge des tiers par le contrat de mariage d'une façon contraire au droit commun, même au cas où la validité de cette clause de remploi pourrait être admise.

Dans l'espèce que nous avons citée par exemple où la femme avait échangé son immeuble contre un autre de valeur supérieure à la charge d'une soulte, elle n'en avait pas moins fait le remploi intégral de ses capitaux.

Que les tribunaux veillent à ce que le remploi ne soit pas entaché de fraude ni collusion entre la femme et l'acquéreur, on n'y peut contredire, mais que le remploi ayant été réellement effectué avec absence de fraude ou collusion on impose arbitrairement aux tiers une responsabilité à propos des conséquences indirectes de son remploi, c'est ce que nous ne pouvons admettre.

Du moment qu'à l'époque du remploi la femme a remplacé les capitaux provenant de l'aliénation par l'acquisition d'un autre bien d'une valeur égale d'après les apparences ordinaires, pour nous le remploi est réalisé à moins que la femme n'ait pris soin d'exclure dans son contrat de mariage les acquisitions qu'elle ne voudrait pas admettre en remploi ; qu'elle n'ait spécifié par exemple que le prix devrait être intégralement payé avec les deniers provenus de l'aliénation sans qu'il fût besoin de stipuler une soulte au profit du vendeur ;

S'il s'agit de la nature du bien mis en en remplacement dans son patrimoine qu'elle n'ait exclu par exemple quant aux immeubles, les usines, maisons de plaisance ou autres d'un revenu relativement aléatoire.

§ II. — *Les obligations des tiers ont été limitées.*

Nous venons d'examiner les obligations que la jurisprudence met à la charge des tiers lorsque la femme a stipulé le remploi opposable aux tiers d'une façon générale, nous passons maintenant à ses exigences au cas où la femme a pris soin de limiter les obligations qui incomberont à ces tiers.

I. — Nous estimons que là encore la préoccupation d'une protection outrée du patrimoine de la femme après lui avoir fait admettre sans fondement une clause juridiquement inopposable aux tiers lui fait abandonner les règles d'interprétation ordinaire, lorsqu'il s'agit d'apprécier le sens de cette clause ;

Que non seulement elle interprète la convention dans un sens rigoureux pour le débiteur, mais encore qu'elle n'applique pas le principe qui d'après son point de départ régit cette clause, savoir : que les conventions légalement formées tiennent lieu de loi à ceux qui les ont faites.

II. — Ainsi, dans les clauses de remploi, il arrive fréquemment que la femme, pour faciliter l'aliénation de ses biens soumis au remplacement, stipule que les tiers ne seront tenus d'en surveiller ni la suffisance ni l'utilité, mais uniquement la matérialité.

La convention matrimoniale limite donc à un objet précis l'obligation de faire du tiers.

D'autre part, au point de vue de la preuve d'un fait matériel dont la justification est requise pour faire un paiement valable, si ce fait est constaté par un acte authentique, le tiers, d'après le droit commun, doit se contenter comme preuve de la représentation d'une expédition de l'acte authentique pour effectuer son paiement sans avoir à rechercher si l'acte authentique est vrai ou non : provision est due au titre, sincère ou non.

III. — Si, dans un autre ordre d'idées, la femme a stipulé, par exemple, qu'il serait fait un remploi utile en l'acquisition des droits successifs des frères et sœurs de son mari, il nous semble que les règles d'interprétation ordinaire doivent amener à conclure que l'obligation du tiers est exécutée s'il a payé sur la justification d'un emploi réalisé de cette manière, sans avoir à se préoccuper de savoir si le remploi porte sur des portions héréditaires indivises et grevées d'une hypothèque légale.

La jurisprudence, dans ces diverses hypothèses, n'applique pas les règles d'interprétation de droit commun que nous venons de rappeler et supplée d'une façon arbitraire aux lacunes qu'elle croit trouver dans les clauses de remploi.

IV. — Voici, par exemple, les motifs qu'elle donne pour justifier son interprétation sur l'obligation imposée aux tiers de veiller exclusivement à la matérialité du remploi.

« Attendu, dit la Cour de Limoges (1), que sui-
« vant son contrat de mariage avec Jean Fradet
« sous la date du 4 mars 1852, Madeleine Vignon
« s'est mariée sous le régime dotal avec constitu-
« tion de tous bien présents et à venir ; que ce-
« pendant les époux se sont réservé la faculté
« d'aliéner les biens dotaux, à la charge par le

(1) Limoges, 14 janvier 1862. D. 62, 2,27. Même sujet. Cass., 3 avril 1883. 84 D. 1, 23.

« mari d'en employer le prix soit au paiement des « dettes personnelles à la femme, soit en acquisi- « tion d'immeubles en remploi ou de l'assurer sur « des biens de valeur suffisante. — Attendu qu'en « se constituant aux termes de son contrat de « mariage seule juge de la validité du remploi, la « femme Fradet a entendu seulement se réserver « la faculté de droit commun d'apprécier la valeur « et la suffisance de l'équivalent qui lui serait « offert en remplacement de ses immeubles aliénés; « que cette clause n'emporte de sa part aucune « renonciation aux garanties inhérentes au régime « dotal qu'elle a stipulé et tel qu'il est modifié « par les conventions matrimoniales ; que ce serait « en forcer la signification et en dénaturer la « portée que de l'interpréter en ce sens que la « femme pût, par son acceptation d'un immeuble « quelconque à titre de remploi, s'élever contre « elle-même une fin de non recevoir absolue, « même au cas où cet immeuble qu'elle aurait « accepté comme remploi valable en apparence « serait soumis à un péril certain d'éviction ; « qu'une pareille interprétation est contredite par « la pensée générale de conservation qui a présidé « à la rédaction du contrat de mariage ; qu'elle est « surtout inconciliable avec la clause qui interdit

« au mari le droit de recevoir les sommes dotales, « même du consentement de la femme, s'il n'est « fait remploi ou donné des garanties ; qu'elle dé- « truirait en effet les avantages essentiels de la « dotalité, en autorisant la femme à aliéner ses « biens dotaux sans emploi effectif et réel et en « admettant les tiers à se prévaloir contre elle de « l'adhésion qu'elle aurait donnée à un remploi « inefficace et nul, tandis au contraire que le « contrat de mariage par sa stipulation principale, « ne permet l'aliénation de la dot que moyennant « remploi ou garantie suffisante des deniers ; « attendu qu'il est de l'essence du remploi, comme « condition toujours sous entendue que l'immeuble « qui en fait la matière soit, entre les mains de la « femme, à l'abri de tout péril d'éviction ou trouble « hypothécaire ; que l'aliénation de la dot n'ayant « été permise que sous cette condition de remploi, « le principe de l'inaliénabilité reprend toute « sa force quand la condition qui, seule y faisait « exception, n'a pas été légalement remplie ; que « la femme peut alors exciper de son inaccom- « plissement contre les tiers, qui en sont de droit « garants et responsables ; que si l'échange satis- « fait virtuellement à cette condition de remploi, « puisqu'il constitue moins une aliénation qu'un

« remplacement immédiat, ce ne peut être que « tout autant qu'il assure à la femme à la place « du bien dotal qu'elle cède, un autre bien dont « la propriété soit également certaine et irrévo- « cable etc...

On le voit la grande objection des tribunaux contre l'admission de la matérialité pure et simple du remploi même lorsqu'elle est stipulée expressément par la femme comme étant le seul élément dans le remploi que les tiers auraient l'obligation de surveiller, — c'est que ce ne produirait pas dans le patrimoine de la femme tous les effets du régime dotal.

V. — Ils se placent toujours exclusivement au point de vue des effets produits dans le patrimoine de la femme pour apprécier les obligations des tiers au lieu d'envisager la nature propre de ces obligations ; c'est toujours la conséquence d'un point de départ arbitraire. La jurisprudence ayant commencé par négliger la nature de l'obligation imposée au tiers pour lui accorder un fondement valable continue à se désintéresser de la nature de cette obligation pour l'interpréter dans son étendue ; aussi, le point capital à examiner lorsque la femme a introduit une clause de remploi opposable aux tiers dans son contrat de mariage ne devrait pas être celui de savoir si l'accomplissement du remploi aura fait bénéficier la femme de tous les avantages du régime dotal, mais si les clauses conventionnelles du contrat de mariage opposables aux tiers ont été exécutées.

D'autant que même en se contentant de la matérialité du remploi pour la décharge des tiers, les obligations que ce remploi peut créer à la charge du mari restent entières et sont garanties par l'hypothèque légale de la femme qui en ce cas est incessible.

Il est inutile d'ajouter que même ayant adopté le régime dotal la femme aurait pu rendre ses biens purement et simplement aliénables, l'inaliénabilité n'étant que de la nature et non de l'essence du régime dotal.

Donc toutes ces clauses de remploi, en les supposant valables, devraient s'interpréter suivant les règles du droit commun, c'est-à-dire en faveur du débiteur et sans extension des obligations qui n'y sont pas stipulées.

SECTION IV

De la sanction de la responsabilité des tiers en matière de remploi.

I. — En examinant sous ce chapitre la sanction que la jurisprudence donne à la responsabilité des tiers en matière de remploi, nous continuerons à voir que, partie d'un principe inexact, elle apporte dans l'appréciation de cette obligation de faire imposée aux tiers une rigueur contraire au droit commun.

Prenons le cas d'une aliénation immobilière.

Elle refuse au tiers acquéreur la faculté de se libérer de son obligation de surveiller le remploi au moyen d'un deuxième paiement en s'appuyant sur les motifs développés dans les arrêts que nous allons rapporter.

Nous allons la voir, par exemple, admettre l'action révocatoire de l'article 1560 dans une espèce où le remploi prescrit consistait en un placement garanti par un privilège mobilier, le privilège conservant le prix de cession d'un office.

II. — Un sieur et une dame Neveu s'étaient mariés sous le régime dotal. Aux termes de leur contrat de mariage, la femme pouvait aliéner ou hypothéquer ses immeubles avec le seul consentement de son mari, à la charge d'employer les sommes qui proviendraient de ces aliénations à payer, avec déclaration d'origine aux fins de subrogation, le prix intégralement dû de l'office de notaire dont le futur époux était titulaire; la même clause du contrat de mariage ajoutait que les acquéreurs devraient veiller à ce que l'emploi eût lieu, et que l'excédent du prix de vente, celui de l'étude une fois payé devrait être employé en acquisition d'immeubles au nom de la dame Neveu et sous son acceptation.

Le remploi ainsi prescrit n'ayant pas été fait lors de la vente d'un de ses biens soumis au remploi, cette dame, après le décès de son mari, avait agi contre ses acquéreurs par l'action en révocation, se refusant à accepter un second paiement du prix.

Le tribunal du Hâvre en première instance et la Cour de Rouen sur l'appel formé par les acquéreurs admirent la prétention de la dame Neveu.

Un pourvoi fut formé contre l'arrêt de la Cour de Rouen, et la Cour de cassation a rejeté ce pourvoi dans les termes suivants :

« Attendu que les époux Neveu se sont mariés sous le régime dotal, que par leur contrat antenuptial, il a été stipulé que les immeubles dotaux pourraient être hypothéqués, vendus, licités et échangés pendant le mariage, mais que les sommes provenant des emprunts ou aliénations seraient employées à désintéresser le précédent titulaire non payé de l'office de notaire cédé au mari, de manière à assurer à la femme le privilège du cédant au moyen de la subrogation dans les droits de ce dernier ; — que par cette clause la femme entendait si peu consentir à ce que le fonds dotal qui serait aliéné fût remplacé par de l'argent, qu'elle avait stipulé que ce qui resterait du prix de ses biens après le paiement de l'office serait employé en acquisition d'immeubles faite à son nom ; que l'un de ses immeubles ayant été aliéné pendant le mariage et le prix payé par les acquéreurs n'ayant pas reçu l'affectation spéciale déterminée par le contrat anténuptial, la femme Neveu a pu après la mort de son mari user du droit que lui donnait l'article 1560 de faire révoquer l'aliénation ; que pour essayer d'échapper à cette action révocatoire, les acquéreurs ont offert de payer une seconde fois leur prix; mais que, d'une part, à l'époque où cette offre était faite, la dissolution du mariage avait fait cesser l'administration du mari et la dotalité ; que d'une autre part, l'office de notaire avait cessé d'appartenir au mari dès avant sa mort, qu'en décidant dans ces circonstances que la condition du remploi sous laquelle l'aliénation du fonds dotal avait été permise, ne pouvait plus se réaliser, et en ordonnant la révocation de la vente sans égard aux offres faites par les acquéreurs, l'arrêt attaqué loin de violer les articles précités, 1557 et 1560, en a fait la plus juste application, rejette etc... »

III. — Voici une autre espèce où le remploi prescrit en immeubles n'ayant pas été effectué, la Cour de Caen a rendu son arrêt sur les motifs suivants :

« Attendu que dans leur contrat de mariage les époux Puisney ont adopté le régime dotal avec société d'acquêts, qu'il est stipulé audit acte que malgré l'adoption du régime dotal, les immeubles de la femme pourraient être aliénés ou échangés par le mari, à charge par lui de fournir un remplacement en biens immeubles qui deviendraient pareillement dotaux par l'acceptation que la future en ferait; attendu que Alexis Lemaréchal a, par acte du 14 novembre 1856, acquis la moitié de la terre de la Riverie léguée à la femme Puisney sa sœur; que celle-ci est décédée le 28 mars 1871; que la vente prédatée n'a été suivie d'aucun remploi; que Puisney est décédé au cours de l'instance, attendu qu'aux termes de l'article 1560 si la femme ou le mari aliènent le fonds dotal. la femme ou ses héritiers peuvent faire révoquer l'aliénation après la dissolution du mariage; attendu que la dame Puisney n'ayant autorisé l'aliénation de ses immeubles dotaux que sous la condition expresse qu'un remploi lui serait fourni, et que ce remploi serait accepté par elle, la condition est défaillie par suite du décès de la dite dame Puisney; que ses héritiers conséquemment se trouvent dans la même situation que si l'aliénation n'avait pas été permise et qu'ils peuvent invoquer à bonne cause le droit de révocation, etc... »

Tels sont les motifs sur lesquels s'appuie la jurisprudence pour autoriser la femme ou ses héritiers à refuser un second paiement du prix de vente et à exiger la révocation de la vente.

IV. — Mais nous dirons avec un jurisconsulte autorisé : « La nature des choses ou dans tous les cas, le respect dû à la liberté de l'homme, ne permet pas de contraindre précisément une personne à faire, ce qu'elle a promis ou à s'abstenir du fait qu'elle s'est interdit. De là le principe général que toute obligation de faire ou de ne pas faire se résout en dommages-intérêts (1). »

L'obligation de surveiller le remploi est, par excellence, une obligation de faire ; elle n'est même pas susceptible de rentrer dans les catégories d'obligations de faire, visées par les articles 1143 et 1144 du Code civil, à l'occasion desquelles le créancier a le droit de demander que ce qui aurait été fait par contravention à l'engagement soit détruit, ou peut se faire autoriser à faire exécuter lui-même l'obligation aux dépens du débiteur.

Aussi trouvons-nous excessif que lors de l'inexécution de l'obligation de surveiller le remploi, même en admettant que cette clause soit opposable aux tiers, la jurisprudence accorde à la femme ou à ses héritiers une action autre que celle en dommages-intérêts.

(1) *Demante*, t. V, p. 8.

V. — Dans les arrêts où elle leur donne l'action révocatoire, elle ne s'occupe que du résultat produit par l'accomplissement du remploi à l'égard du patrimoine de la femme.

Elle semble négliger l'autre aspect de la convention matrimoniale : la nature de l'obligation ainsi créée dans les rapports de débiteur à créancier.

Il en résulte qu'à l'égard de la sanction de la responsabilité des tiers en matière de remploi comme sur les autres points de cette responsabilité, elle paraît abandonner assez facilement les règles de droit commun en matière d'interprétation, absorbée par l'idée unique de préserver à tous prix l'intégrité du patrimoine de la femme.

Ainsi, ne s'occupant que du patrimoine de la femme, la jurisprudence dit que l'insertion de la clause de remploi dans le contrat de mariage subordonne à une condition le droit d'aliéner qui a été conféré à la femme, et par suite fait dépendre de l'accomplissement de cette condition la validité des actes d'aliénation ; la nullité de la vente peut donc être demandée en vertu des règles du régime dotal.

VI. — Nous répondrons que — admettant pour

valable la clause de remploi — l'apposition de la condition modifie, quoiqu'on en ait, les règles du régime dotal pur et simple, et la question est précisément de savoir si cette modification permet réellement à la femme d'obtenir la révocation de la vente au cas où la condition n'a pas été accomplie.

Dans le régime dotal ordinaire, l'aliénation amiable est complètement interdite ; dans notre matière, elle est simplement soumise à une condition.

Il faudrait donc, en admettant la validité de la clause de remploi, tout à la fois tenir compte néanmoins des règles de la vente en droit commun et apprécier les modifications qu'elles peuvent recevoir lorsqu'elles s'appliquent à un bien dotal ou quasi dotal.

Il faudrait considérer l'aliénation dans les rapports de vendeur et acheteur, sauf à tenir compte des modalités qui peuvent modifier la nature du contrat ; au point de vue de l'interprétation de la clause, il serait nécessaire de considérer également le but que la femme s'est proposé d'atteindre en stipulant le remploi, on donnerait ensuite une sanction pratique à cette clause, en se laissant toujours guider par le droit commun au cas où le droit d'exception qui résulte de cette clause laisserait quelque doute.

Or, la femme a eu pour but principal, en soumettant au remploi tout ou partie de ses biens, de retrouver au cas d'aliénation l'équivalent du bien vendu.

Dans les espèces que nous venons de rappeler à titre d'exemples, la femme a déjà touché son prix mais l'a dissipé, elle ou son mari. Le tiers, pour conserver la propriété de son acquisition lui en offre une deuxième fois le prix. Le but de la femme n'est-il pas atteint? N'a-t-elle pas à sa disposition (elle ou ses héritiers) toute la valeur du bien aliéné pour en faire le placement à sa guise?

D'autant plus que le droit commun permet au débiteur d'une obligation de faire de s'acquitter de sa responsabilité ou garantie au moyen du paiement de dommages-intérêts ; pourquoi vouloir attribuer à la femme l'action révocatoire, sous prétexte que le remploi matrimonial ne pourra plus avoir lieu après le mariage? Les raisons données sont plutôt académiques que pratiques.

VII. — Les conséquences de l'action révocatoire sont trop graves, elles atteignent les sous acquéreurs, sans intérêt réel pour la femme : en général, on évite de pareils troubles.

Ainsi, lorsqu'il s'agit du règlement des successions, nous avons vu la préoccupation du législateur de maintenir autant que possible l'égalité entre les successibles.

Pour maintenir cette égalité le Code établit les rapports non seulement en moins prenant, mais encore en nature. Supposons que l'un des cohéritiers ait aliéné l'immeuble sujet au rapport, et qu'il soit insolvable, la créance que ses cohéritiers auront contre lui à raison de la valeur de cet immeuble sera en réalité entièrement fictive.

Eh bien, même dans cette hypothèse, le Code ne permet pas aux cohéritiers d'évincer l'ayant-cause de l'héritier débiteur du rapport, si ce dernier a aliéné son immeuble.

Cela étant, lorsqu'une femme a créé un régime conventionnel différent du régime dotal que le législateur n'avait admis lui-même qu'à regret et en l'entourant de restrictions nombreuses, quel intérêt y aurait-il si le régime conventionnel était valable à ce que cette femme, après avoir reçu et dissipé son prix, puisse troubler le sous acquéreur alors qu'il lui est offert de toucher son prix une seconde fois à titre de dommages-intérêts.

Est-ce que ce ne serait pas contraire à l'intérêt public, et nous oserons dire aux bonnes mœurs, car l'arbitraire est immoral.

VIII. — Mais d'éminents jurisconsultes (1) présentent contre cette solution l'objection suivante :

« La clause de remploi suppose que l'immeuble « acquis en remploi deviendra dotal comme l'était « l'immeuble aliéné. Or, c'est ce qui ne peut plus « avoir lieu pour les acquisitions faites après la « dissolution du mariage. Dans le système con- « traire les intérêts de la femme ou de ses héri- « tiers ne seront pas complètement garantis puis- « que ceux mêmes des créanciers de la femme qui « n'auraient point d'action sur les biens dotaux « pourraient exercer leurs poursuites sur l'im- « meuble prétendument acquis en remploi après « la dissolution du mariage. »

IX. — Nous dirons qu'à notre avis, l'art. 1560 n'est pas applicable en l'espèce, il se réfère selon nous exclusivement aux cas d'infraction aux règles du régime dotal déterminé par le Code, et non au cas d'inaccomplissement de la ou des conditions prescrites par la femme dans son régime conventionnel.

(1) Aubry et Rau, 4e éd., t. 5, § 437 note 86.

Qu'à l'aide du jeu du remploi, on puisse arriver à faire bénéficier le bien mis en remplacement de presque toutes les garanties attachées au bien dotal, voilà ce qui peut bien *a priori* se concevoir, parce que le nouveau bien une fois mis en remplacement de l'ancien dans le patrimoine de la femme, sa détermination au point de vue de l'insaisissabilité et de l'imprescriptibilité, peut être complète comme celle du bien remplacé ; il n'y a pas de lien de droit qui ait été amiablement créé avec les tiers comme dans l'aliénation volontaire.

Mais lorsque le bien est aliénable sous condition, celle-ci à moins de textes formels et précis, ne peut s'interpréter que d'après les règles du droit commun, et ces règles sont toujours favorables au débiteur, qu'il s'agisse d'obligations en général ou de la vente en particulier.

Nous voyons par exemple au titre de la vente la faculté de payer laissée à l'acheteur alors même que son contrat déclare la vente résolue de plein droit, faute de paiement du prix dans le terme convenu ; l'article 1656 permet à l'acquéreur malgré cette clause de payer son prix après l'expiration du terme convenu tant qu'il n'a pas été mis en demeure par une sommation.

X. — Mais, même en admettant la validité de l'action révocatoire pour le cas d'inexécution de la clause de remploi, nous ne discernons pas bien son intérêt pratique pour les motifs que nous allons développer.

Le seul motif vraiment grave qui détermine les auteurs précités à admettre l'action révocatoire à l'exclusion de l'action en dommages-intérêts, lorsque l'obligation de surveiller le remploi n'a pas été accomplie, c'est la crainte de ne pas faire retrouver à la femme dans le bien acquis par un remploi postérieur au mariage la qualité d'insaisissabilité qu'avait le bien dotal.

Cependant, dans l'hypothèse où les parties intéressées se trouveraient encore dans la période du mariage, les tribunaux ne refuseraient pas au tiers la faculté de se libérer de son obligation de surveiller le remploi par un second paiement de son prix d'acquisition.

Etant donné, d'une part, les objections formulées contre un remploi postérieur au mariage, et, d'autre part, les décisions des tribunaux admettant la validité du remploi opéré pendant le mariage avec des deniers provenant du paiement fait à titre de dommages-intérêts, il semblerait qu'on fût autorisé à considérer le bien acquis des deniers payés à ce titre comme prenant indubitablement la place complète du bien dotal aliéné.

L'affirmative nous paraît cependant douteuse si nous nous reportons aux exigences de la jurisprudence au sujet de l'obligation imposée au tiers acquéreur de veiller à ce que le remploi soit accepté, exigences que nous avons examinées sous la section III du présent chapitre.

Nous avons vu à cette occasion qu'elle s'appuyait sur les articles 1434 et 1435 faisant partie du chapitre II, section II relatif au régime en communauté pour formuler diverses exigences à l'encontre des tiers et qu'elle ne considérait le remploi comme valable qu'autant qu'il répondait aux conditions déterminées par cet article.

Or, de ces articles il résulte qu'il n'y a remploi que si lors d'une acquisition il a été déclaré qu'elle était faite de deniers provenus de l'aliénation de l'immeuble propre.

Dans l'espèce qui nous occupe, les deniers provenus de l'aliénation de l'immeuble propre, c'est-à-dire le prix de la vente, n'existent plus puisqu'ils ont été dissipés ; ce que l'acquéreur paie à ce moment, ce n'est plus son prix, mais les dommages-intérêts dus à raison de l'inexécution de son obligation de faire, dommages-intérêts fixés au montant de ce prix.

La cause du paiement de cette somme n'est donc pas, à proprement parler, l'aliénation du propre de la femme, mais l'inexécution de l'obligation de surveiller le remploi qui incombait à l'acquéreur.

Or, nous voyons qu'en matière d'inaliénabilité dotale, dans le chapitre même du régime dotal, le Code ne concède la qualité de bien dotal à un bien acquis avec des deniers dotaux qu'à titre d'exception (1553).

Dans notre hypothèse, la femme a stipulé que lors de l'aliénation de ses biens, il devrait être fait remploi du prix de cette aliénation.

D'autre part, la jurisprudence nous dit que les conditions de validité du remploi mises à la charge du tiers acquéreur sont déterminées par les articles 1434 et 1435 du Code civil; ces articles ne s'occupent que du prix de l'aliénation comme susceptible de former le remploi.

Dans ces conditions, les dommages-intérêts payés par le débiteur en raison de l'inexécution de son obligation personnelle, peuvent-ils être considérés comme tenant lieu du prix?

Il nous semble difficile de faire une réponse

affirmative à cette question, sans enfreindre les règles d'interprétation d'usage.

Nous pensons que le bien acquis des deniers payés à titre de dommages-intérêts n'est pas dotal, le remploi ayant été stipulé pour le placement direct du prix de l'immeuble aliéné et non pas pour les dommages-intérêts dus à raison de l'inaccomplissement d'une condition du contrat.

Par suite, il sera le gage des créanciers de la femme et comme tel, saisissable.

Donc, nous voyons s'évanouir le seul argument plausible sur lequel on peut s'appuyer pratiquement pour refuser au tiers de se libérer de son obligation par le paiement de son prix fait une seconde fois à titre de dommages-intérêts.

CHAPITRE II

DE LA RESPONSABILITÉ DES TIERS EN MATIÈRE DE REMPLOI AU POINT DE VUE ÉCONOMIQUE.

I. — La responsabilité des tiers en matière de remploi est une des applications du principe de la conservation des biens dans les familles.

Ce principe et le devoir féodal avaient exercé une influence considérable dans l'ancien droit, ils avaient fait apporter de nombreuses restrictions à la faculté qu'a tout propriétaire d'aliéner ses biens à son gré. On les retrouve dans bien des institutions anciennes.

Ces institutions constituent la partie politique du droit civil qui convenait à la conception que les générations antérieures se faisaient de la société.

Parmi elles nous trouvons la grande variété des retraits : le plus fameux est le retrait lignager.

II. — Il avait été conçu avec l'objectif suivant :

La vente était considérée jadis comme un acte des plus fâcheux au point de vue des successions, car elle avait comme inconvénient de bouleverser la succession en dénaturant le patrimoine et en changeant la situation des héritiers ; puis au point de vue des grandes familles, la vente des grandes terres diminuait le lustre et le rang de la maison.

Le retrait était le droit que les coutumes accordaient aux lignagers d'un vendeur d'héritage d'intervenir lorsque cet héritage était vendu à un non lignager. C'était le droit pour les lignagers de se rendre acheteurs à la place d'un acheteur étranger.

Ce retrait n'était lui-même que la transformation du droit de famille d'origine germanique qui ne permettait à l'origine de faire la vente qu'avec le consentement des héritiers présomptifs ; qui permit ensuite de faire la vente à un étranger après que le possesseur avait offert à ses héritiers de prendre le marché par préférence.

(Loi des Saxons, titre XVII, établissements de Saint-Louis, Livre I, ch. LXI.)

Il appartenait aux lignagers seuls et parmi eux au plus diligent et ils étaient déterminés de la même manière que pour l'application de la règle *Paterna Paternis*. Ce retrait appartenait à la famille entière et le plus diligent s'en emparait comme par droit d'occupation.

Le privilège de ce retrait et la manière dont il était organisé, correspondaient donc à la conception de la société sous l'ancien régime.

Il fut abrogé par la loi du 17 nivôse an II.

III. — Nous trouvons également comme droit empêchant la libre disposition des biens du propriétaire : Le Douaire.

Là encore nous voyons une conception juridique en harmonie avec les anciens principes.

D'après les coutumes le douaire des femmes était un droit viager conféré aux veuves sur certains immeubles de leur mari.

Il avait une importance considérable puisqu'il portait souvent sur la moitié de tous les immeubles du mari. Il portait en effet sur les immeubles 1° Que le mari avait eus antérieurement au mariage, et 2° sur les immeubles échus pendant le mariage en ligne directe (art. 248 cout. de Paris).

Ce droit ainsi conçu était établi par la coutume ou le contrat de mariage.

Le douaire était admis dans la plupart des coutumes. Ce qui va à la mère en usufruit est attribué aux enfants en nu-propriété.

Ce douaire dans les pays coutumiers a eu deux motifs principaux :

1° La femme venant à perdre son mari est moins capable de suffire à son existence ;

2° Les femmes avaient, d'après le droit coutumier, de moindres droits successoraux dans leur famille que les mâles.

Mais si ce droit présentait un avantage pour la femme, il avait au point de vue économique, l'inconvénient d'empêcher le mari de disposer de ses propres sans avoir obtenu de la femme la renonciation à son douaire.

C'était en effet la sanction du droit de la femme.

Cette constitution du douaire n'a pas été conservée, elle a été supprimée par la loi de nivôse an II.

IV. Le Code civil a pourvu depuis par un ensemble de dispositions nouvelles conformes au régime moderne, aux besoins auxquels cette institution faisait face, sans avoir recours aux mesures prohibitives qu'elle comportait.

V. — Continuant l'examen des principales combinaisons juridiques de l'ancien droit qui avaient pour but la conservation des biens dans les familles, et produisaient un empêchement à la liberté d'aliénation du propriétaire, nous trouvons les substitutions. Les substitutions pouvaient être faites par acte entre vifs ou à cause de mort. En général elles étaient contenues dans les contrats de mariage ou les testaments. Il y avait beaucoup de combinaisons de substitutions, mais elle étaient toujours conçues dans la même pensée de conservation du patrimoine de la famille.

Dès la fin du xve siècle, les substitutions se répandaient à profusion, surtout dans les familles nobles, elle étaient souvent faites pour une forte série de degrés, parfois même perpétuelles. Des ordonnances royales réagirent dès l'ancien régime contre cette jurisprudence. L'ordonnance de Moulins de 1566 décida que les substitutions antérieures à 1560, seraient limitées au 4e degré de substitution, sans parler des précautions ultérieures (1747, ordonnance de d'Aguesseau) quant au crédit public.

Ces substitutions après un retour offensif de la loi du 17 mai 1826, — abrogée par celle du 7 mai 1849, — n'existent plus que dans les limites très restreintes assignées par le Code.

Toutes les institutions que nous avons rappelées présentaient des inconvénients économiques qui devaient les faire disparaître avec la législation ancienne, sauf les substitutions, et encore ces dernières ont-elles été maintenues dans des limites très étroites.

VI. — Le principe économique moderne est en effet celui de la libre circulation des biens.

Les économistes nous démontrent que ce n'est pas simplement une conséquence naturelle du droit de propriété ; que l'intérêt général réprouve toute entrave à la transmission des biens. On doit présumer, puisque les actes d'aliénation ne sont pas en général déterminés par un pur caprice, que celui qui acquiert a plutôt le désir et le moyen d'utiliser la chose que celui qui est disposé à l'aliéner. Les économistes affirment qu'il est de l'intérêt général de la production qu'un capital puisse être transmis, non pas à telle personne déterminée, mais plutôt à celle, quelle qu'elle soit, qui pourra le mieux en tirer profit.

Ces considérations devenues toutes puissantes depuis la Révolution de 1789 ont fait reléguer dans les institutions du passé le principe de la conservation des biens dans les familles.

A sa place, règne dans le monde économique et dans le droit le principe contraire, celui de la libre circulation des biens. Le propriétaire a le pouvoir d'aliéner ses biens meubles et immeubles à la personne qui lui plaît et comme il lui plaît.

VII. — Bien plus, le principe est devenu d'ordre public. Un testateur ou un donateur n'auront pas le droit de défendre au légataire ou donataire d'aliéner le bien. La condition de ne pas aliéner à perpétuité serait une condition illicite et comme telle réputée non écrite (art. 900 C. c.)

Cette même clause d'inaliénabilité perpétuelle annulerait même toute aliénation à titre onéreux. Il s'élève même de sérieuses difficultés sur la validité de la clause qui défendrait seulement d'aliéner pendant un certain laps de temps.

En vertu du même principe économique, les clauses d'insaisissabilité dont certains disposants frappent les biens donnés, ne pourraient atteindre les créanciers postérieurs à l'acte, art. 581 et 582 Cod. de p. c.

Elles ne sont opposables qu'aux créanciers antérieurs à l'acte de disposition à titre gratuit, car ils n'ont pas dû compter dans leur gage les biens donnés ou légués.

C'est bien aussi le même principe qui a été une des principales causes de la prohibition des substitutions fideicommissaires par le Code civil, art. 896.

VIII. — Ce principe nouveau de la libre circulation des biens, comme tous les principes en général, comporte quelques rares exceptions.

La plus considérable se trouve dans le régime dotal.

On sait que le projet du Code civil inspiré par les avantages de ce principe de la libre circulation des biens avait mis de côté ce régime qui met hors du commerce un nombre considérable de biens et qui paralyse la fortune dotale tout en enlevant au mari la libre disposition de ses immeubles grevés de l'hypothèque légale de la femme. Mais le Midi, à qui le droit romain avait légué le régime dotal, ne put se décider à rompre l'habitude séculaire de ce régime matrimonial, il protesta et obtint la réintégration de ce régime dans le Code civil, art. 1540 à 1581.

Les Economistes ont, pour la plupart, protesté à leur tour contre cette restauration de cette entrave à la libre circulation des biens. Il est vrai que pour le faire adopter les rédacteurs du Code ont apporté un grand nombre d'exceptions à l'inaliénabilité (art. 1555 et suiv.) et à l'insaisissabilité du fonds dotal (1561). Il est vrai encore que la loi au lieu de frapper l'aliénation d'une nullité absolue, s'est contentée d'une nullité relative. En conséquence, la femme peut ratifier expressément ou tacitement après la dissolution du mariage l'aliénation défendue qu'elle aura pu faire de son immeuble dotal. Néanmoins, il est désirable que ce régime disparaisse dans tous les pays où il est en honneur ; et personne ne pourra soutenir que la richesse industrielle de ces pays pourrait en souffrir.

IX. — Tout régime matrimonial qui restreint directement ou indirectement le crédit du mari aura toujours une influence fâcheuse dans le monde des affaires.

C'est ainsi que, même sous l'ancien régime (1), nous avons vu les officiers des sièges de Lyon, Montbrison, Villefranche et Mâcon se rendre compte des inconvénients que présentait, au point de vue commercial, l'inaliénabilité de la dot, et présenter au Parlement un acte de notoriété pour que cette jurisprudence fût changée. Louis XIV y consentit par ses lettres patentes de 1664. Cette

(1) Gide p. 412 2e éd. 1885. Etude sur la condition privée de la femme.

ordonnance est expressément motivée sur l'intérêt du commerce « qui fleurit dans notre ville de Lyon et procure l'abondance à notre royaume, et interprétant en tant que de besoin l'édit de 1606 (1), elle ordonne « que toutes les obligations ci-devant passées et qui se passeront à l'avenir, sans aucune force ni violence par les femmes mariées dans notre dite ville de Lyon, pays de Lyonnais, etc... soient bonnes et valables et que par icelles les femmes aient pu par le passé et puissent à l'avenir obliger valablement leurs biens dotaux et paraphernaux sans avoir égard à la disposition de la susdite loi Julie que nous avons abrogée et abrogeons à cet égard ».

X. — Il est encore dans notre législation moderne une autre entrave à la libre circulation des biens qui a donné lieu également à de sérieuses critiques. Il s'agit du retrait qui se rencontre dans le Code civil sous les formes du retrait successoral, art. 841, du retrait d'indivision, art. 1408, et enfin du retrait des droits litigieux, art. 1699. Cette institution porte atteinte au respect dû aux conventions portant transmission ou cession de

(1) *Ordon.* Henri IV abrogeant le Senat. Cons. Velleien.

droits, et par conséquent aux intérêts économiques protégés par le principe qui nous occupe.

Tous les biens et droits visés dans ces différents retraits sont rendus presque inaliénables, ils sont paralysés dans les mains de leurs titulaires, car, qui peut se soucier d'acquérir des droits qui, d'un moment à l'autre, peuvent être l'objet d'un retrait? Ou bien alors, pour éviter les inconvénients de certains de ces retraits, les parties ont recours à la fraude en majorant par exemple le prix de cession, et alors le but poursuivi par la loi n'est pas atteint.

Quel intérêt la société économique peut-elle avoir à la difficulté de transmission de tous ces biens et droits et par suite à l'esprit de fraude que ces difficultés ne manquent pas de susciter.

Enfin, une troisième entrave à la libre circulation des biens, sinon de droit, du moins de fait, apparaît dans le domaine des biens de main morte. Les personnes morales administratives, les établissements publics d'assistance ou autres, les églises, les congrégations religieuses constituent des personnes de main morte, qui, en fait, n'éprouvent pas le même besoin d'aliéner et d'échanger que les particuliers ; aussi, nous ne saurions blâmer les lois qui régissent cette classe de biens, tout en ménageant les intérêts d'ordre supérieur que protègent ces personnes morales.

Telles sont les rares exceptions apportées au principe économique qui laisse le propriétaire libre d'aliéner ses biens à son gré et les tiers libres de les acquérir en toute sécurité.

Quoi qu'il en soit de ces exceptions, le principe moderne de la libre circulation des biens a été substitué en principe au dogme suranné de la conservation des biens dans les mêmes patrimoines.

Cela posé, il est facile de reconnaître que la jurisprudence actuelle, en consacrant la responsabilité des tiers en matière de remploi, va à l'encontre du progrès et retourne à un passé que les Economistes condamnent.

CHAPITRE III

DE LA RESPONSABILITÉ DES TIERS EN MATIÈRE DE REMPLOI AU POINT DE VUE MORAL.

I. — Cette responsabilité contractuelle produit de mauvais effets au point de vue moral.

II. — L'inaliénabilité pure et simple du régime dotal peut, à la rigueur, se défendre dans certaines circonstances.

Il peut y avoir un besoin réel à donner à la femme cette protection extraordinaire mais déterminée par le Code.

« Sa capacité naturelle et l'état de dépendance « où le mariage va la placer varient en effet sui- « vant son âge, son éducation, son caractère (1) ; « les dangers de l'influence maritale qu'elle va « subir, varient aussi suivant le caractère de

(1) Gide, *l. c.* p. 453.

« l'homme qu'elle choisit pour époux. Il se peut « que l'inexpérience de la jeune fille, que les ha- « bitudes dissipées du jeune homme inspirent aux « parents des inquiétudes sur l'avenir du nouveau « ménage. La loi comprend cette sollicitude, elle « se prête aux vœux de ces familles défiantes ; « c'est pour elles qu'elle a organisé le régime dotal, « cette espèce de régime préventif qui, pour abriter « la dot, frappe le mari d'impuissance et l'épouse « d'incapacité. La femme qui accepte un pareil « régime est censée confesser sa propre incapacité « naturelle et appeler au secours de sa faiblesse « la protection de la loi. »

III. — Ce régime abrite un être incapable et passif; la femme n'a pas à apprécier si telle ou telle aliénation est avantageuse; tout lui est défendu ; de même pour les tiers : ils sont en présence d'une prohibition absolue.

La femme a confessé son incapacité entière et se reconnaît hors d'état de défendre son patrimoine : celui-ci est alors déclaré purement et simplement inaliénable.

IV. — Autre chose est le régime sous la protection duquel elle se place lorsqu'elle y insère, sous la communauté comme sous le régime dotal, une clause par laquelle elle se déclare capable d'aliéner, mais sous la condition que le remploi de ses biens soit effectué.

Cela peut être expédient et utile pour la femme, mais peut-on dire que ce soit juste et droit?

Sous le régime dotal pur et simple les cas d'aliénation possible à l'égard des tiers sont ceux de l'article 1558.

Mais, là encore, elle ne donne pas d'appréciation directe sur son aliénation, ce sont les tribunaux qui autorisent l'opération et les conditions en sont fixées d'une façon précise par la loi.

C'est toujours l'application de l'idée de tutelle que comporte le régime dotal.

V. — Avec la clause de remploi au contraire, la femme n'est plus en tutelle, ni passive, elle agit comme une personne parfaitement éclairée et veut en même temps bénéficier des avantages de droit strict accordés à la femme qui s'est déclarée incapable de participer à la gestion de son patrimoine.

On sait les inconvénients que le régime dotal ordinaire peut déjà présenter au point de vue moral ; ces inconvénients ne sont pas diminués par cette modalité du régime dotal. Au contraire, avec cette clause, les époux de mauvaise foi auront plus de facilités pour tenter de s'enrichir aux dépens des tiers, puisque le contrat au lieu de prohiber purement et simplement les aliénations, paraît se borner à y mettre une simple condition.

Nous disons que la femme agit comme une personne éclairée et non incapable et passive puisque, en la matière, quel que soit le régime adopté les tribunaux exigent comme condition de la décharge de responsabilité des tiers qu'ils aient veillé à l'acceptation du remploi par la femme, afin, dit la jurisprudence, qu'un bien ne lui soit pas imposé contre sa volonté.

A quoi peut servir cette formalité de l'acceptation si la femme d'une part n'est pas assez éclairée pour en apprécier la valeur, ni assez indépendante de son mari pour repousser le bien qui ne lui agrée pas.

Nous disons ensuite que la clause n'est pas juste.

Pourquoi, en effet, autoriser la femme à refuser un remploi qui ne lui convient pas et lui permettre de troubler, le cas échéant, les tiers. A quel titre, en effet, peut-on autoriser une femme capable et indépendante à troubler, le cas échéant, par l'action révocatoire ou par une demande en dommages-intérêts, des tiers qui ont payé leur prix, sous prétexte qu'ils n'auront pas exécuté leur obligation de surveiller le remploi, alors que ce défaut d'acceptation du remploi viendra du fait de la femme. Elle n'aura pas, par exemple, voulu accepter un remploi et le mariage ayant été dissous entre temps, le remploi ne pouvant plus se faire d'après la doctrine des tribunaux, la femme aura été autorisée par ceux-ci à attaquer le tiers acquéreur par une des deux actions précitées.

Nous disons qu'une femme aussi éclairée et indépendante que le suppose ce régime conventionnel aurait tout aussi bien pu veiller à l'intégrité de son patrimoine sans qu'on ait eu besoin de lui accorder ce droit exorbitant contre les tiers.

Ce recours à la responsabilité des tiers en matière de remploi est donc inutile, injuste et immoral.

Son effet est immoral au triple point de vue, des tiers chargés de surveiller le remploi, des époux eux-mêmes, de la société en général.

VI. — Au point de vue des tiers.

Cette clause permet à la femme un enrichissement injuste.

Le tiers acquéreur a payé son prix fixé sans fraude.

Pour que la quittance soit valable en droit commun, il a fallu le concours de la femme, soit en personne, soit par mandataire, et cette femme, nous l'avons dit, n'est pas unepersonne présumée incapable et en tutelle comme sous le régime dotal ordinaire.

Est-il équitable alors de lui permettre ainsi qu'à son mari de dissiper impunément le prix de vente et de réclamer ensuite une seconde fois le prix ou le bien aliéné lui-même sous prétexte qu'une formalité n'a pas été remplie, puisque nous savons qu'en droit français le consentement dans les transactions suffit et que les formalités ne sont exigées (sauf pour les donations entre époux) que dans l'intérêt des incapables ou des tiers *lato sensu*.

Et cet enrichissement inique aux dépens des tiers responsables en matière de remploi peut se présenter alors même qu'aucune imprudence ne peut être reprochée aux tiers comme au cas indiqué ci-dessus de dissolution du mariage avant que le remploi n'ait été régularisé.

On nous dira que la femme, dans cette dernière hypothèse, en faisant révoquer l'aliénation, ne réclamera pas le prix supposé non encore payé mais le bien lui-même.

Mais les travaux faits par l'acquéreur ne lui seront pas remboursés dans leur intégralité et la femme profitera toujours, dans une certaine mesure, de la plus-value créée par l'industrie de son acquéreur, ce qui est souverainement arbitraire.

VII. — A l'égard des époux :

Cette responsabilité des tiers en matière de remploi suscite l'esprit de fraude et aboutit à un résultat contraire au but visé : la conservation de la dot.

Le besoin d'argent enfante des combinaisons multiples pour y parer.

Ainsi un ménage prodigue va trouver un intermédiaire douteux.

Celui-ci leur conseille de vendre les valeurs soumises au remploi et d'en faire un remploi fictif en terrains de sable improductifs. — L'intermédiaire a des compères pour l'aider dans sa besogne et il conduira l'opération jusqu'au bout sans bourse délier.

Par exemple (1) on le voit faire donner l'ordre à

(1) 20 mars 1894 D. 1, 45.

un agent de change de vendre les titres au mois de février ; en mars on fait signer à la femme un sous-seing privé non daté contenant vente d'immeuble par un compère à cette dernière pour lui tenir lieu de remploi de ses valeurs dotales ; à ce moment la date de l'achat par le compère de l'immeuble par lui vendu à la femme, le lieu de sa situation, son prix, les dates et le montant des aliénations des valeurs dotales, tout cela est laissé en blanc dans ce sous-seing privé.

Les fonds provenant de l'aliénation de février et s'élevant à 85,000 francs ayant été réunis dès la fin de mars, l'intermédiaire a pu faire acheter sans déboursés personnels par son compère au commencement d'avril une grève stérile au bord de la mer pour 5000 francs ; on remplit alors les blancs du sous-seing signé par la femme et on y fait figurer comme objet de remploi une partie de la grève qualifiée de terrain à bâtir, on date alors ce sous-seing privé du milieu d'avril.

Les 85,000 francs de valeurs aliénées par la femme ne sont plus représentés que par une grève stérile de quelque milliers de francs.

Autre exemple (1), une femme pour rem-

(1) Cass., 23 mai 1892. S. 1892. 1, 399.

ployer ses capitaux fait un prêt hypothécaire de 27,000 francs.

Quelque temps après, elle se rend acquéreur de l'immeuble ainsi donné en gage pour une somme de 5000 francs seulement ; on quittance le prix et la différence entre le prix et l'emprunt est partagée entre le vendeur et les époux.

Il y a donc 22. 000 fr. qui ont été distraits avec une intention frauduleuse de leur distinction.

On a même vu des époux simuler des causes de divorce. Ayant obtenu le divorce, la femme devenue pleinement capable aliène les valeurs soumises au remploi.

Ces opérations terminées, les époux qui, en fait, ont toujours continué la vie commune, la rétablissent par acte authentique ; et, bien que le régime soit toujours le même, comme il n'y a plus de biens soumis au remploi, cette clause n'aura servi qu'à susciter des manœuvres frauduleuses.

Avec le divorce, les époux auront toujours la faculté de tourner la clause.

Elle ne gêne que les gens scrupuleux et pour eux elle n'était pas nécessaire ; pour les autres elle ne forme pas un obstacle infranchissable.

Enfin au point de vue social, elle provoque l'éclosion de ces agences interlopes qui incitent les époux et les tiers à la fraude en leur faisant miroiter la possibilité tout à la fois de détourner la dot de sa destination qui est de subvenir aux charges du ménage en la faisant servir aux prodigalités des époux ; et de tromper les tiers assez crédules pour traiter avec ces époux dans ces conditions en leur cachant la véritable portée des clauses du contrat et en se réservant ainsi la faculté de les atteindre une seconde fois soit par l'action en dommages et intérêts soit par l'action révocatoire.

CONCLUSION

Nous avons fait nos efforts pour prouver dans cette étude que la responsabilité des tiers en matière de remploi est contraire tout à la fois aux principes du droit civil, à ceux de l'économie politique et aux lois de la morale.

Nous ne pouvons que conclure contre le maintien de cette responsabilité.

Vu :
Le Doyen,
GLASSON.

Vu :
par le Président,
M. PLANIOL.

Vu et permis d'imprimer :
Le Vice-Recteur de l'Académie de Paris,
GRÉARD.

TABLE DES MATIÈRES

INTRODUCTION. — Objet et division du travail, p. 1.

CHAPITRE I. — De la responsabilité des tiers au point de vue juridique, p. 5.

Préambule. — Sur les éléments de cette responsabilité et division du sujet au point de vue juridique, p. 5.

Section I. — Du fondement de cette responsabilité, p. 6. — Nécessité d'un fondement juridique, p. 6. — Celui adopté par la jurisprudence, p. 6.

Critiques élevées contre ce fondement, p. 9. — Autre fondement proposé, p. 11. — Conséquences à en tirer, p. 12. — Ces conséquences sont repoussées par la jurisprudence, p. 12.

Réfutation du système adopté par la jurisprudence pour d'autres motifs ; la clause de remploi, à cause de la nature de l'obligation qu'elle impose aux tiers, n'est pas une convention marimoniale opposable à ces derniers, développements, p. 16.

Section II. — Détermination des tiers responsables, p. 22. — Conséquence d'un principe fondamental inexact relativement à cette détermination, p. 23.

2 hypothèses à envisager, p. 24.

§ I. — L'obligation de surveiller le remploi est imposée aux tiers sans indication particulière ni exception, p.. 25 — Définition du mot tiers en l'espèce, p. 25. — Catégories de personnes qui y répondent, p. 26. — Exception apportée en contradiction avec les principes de droit commun, p. 27.

§ II. — L'obligation de surveiller le remploi est imposée exclusivement à certains tiers, p. 28. — Interprétation arbitraire de ces clauses limitatives par la jurisprudence, p. 29. — But poursuivi par la femme en faisant cette limitation, p. 29. — Il n'est pas atteint par suite de cette interprétation, p. 30. — Les considérations d'intérêt pratique ne peuvent pas faire échec à la loi. p. 30. — Indication des inconvénients pratiques qui ont amené la nomination des sequestres, p. 31. — Arguments de droit à l'appui de leur nomination, p. 32. — Réfutation, motifs fondamentaux, p. 32. — Cette nomination ne supprime pas toutes les difficultés, p. 34. — Elle occasionne des dépenses, p. 34.

Section III. — De l'étendue de cette responsabilité ; obligations mises par la jurisprudence à la charge des tiers, elles sont exagérées et contraires aux règles d'interprétation des contrats, p. 35. — Nature de l'obligation mise à la charge des tiers, p. 36. — La critique est générale, soit que la femme ait soumis ses biens à la clause de remploi sans avoir déterminé les conditions du remploi, soit qu'elle ait restreint ces conditions, p. 37. — Division des critiques, p. 38.

§ I. — Les obligations des tiers n'ont pas été spécifiées. — Deux obligations mises à leur charge, interprétation rigoureuse de la convention, p. 38.

A. — Obligation de veiller à l'acceptation du remploi, motifs donnés par la jurisprudence, p. 39. — Article sur lequel elle se fonde, réfutation, p. 40. — Règles d'interprétation des conventions, p. 41. — L'art 1435 ne s'applique pas en la matière, p. 41. — L'argument tiré de cet article n'est pas probant, le droit commun suffisait, p. 42. — Utilité de cet article pour le mari et les créanciers, développements, p. 43. — Objections que peut soulever notre système, p. 44. — Réponses, p. 45. — Autres objections à notre système, p. 48. — Réponse, p. 48.

B. — Obligation de veiller à ce que le remploi soit efficace. Exemples des conditions exigées par la jurisprudence pour que cette obligation soit considérée comme exécutée, p. 50. — En imposant ces conditions la jurisprudence déroge au droit commun, arguments de droit commun, arguments puisés dans sa propre doctrine, p. 53.

§ II. — Les obligations des tiers ont été limitées, p. 56. — L'interprétation de la jurisprudence est encore rigoureuse en l'espèce, p. 56. — Exemple de limitation, preuve de l'exécution de l'obligation suffisante d'après le droit commun, p. 57. Autre exemple p. 57. — Motifs donnés par la jurisprudence à l'appui de son interprétation, p. 58 C'est la conséquence de l'inexactitude du principe fondamental, p. 61.

Section IV. — Sanction de cette responsabilité, p. 63. Conséquence de l'inexactitude du principe fondamental ; la sanction accordée par la jurisprudence est rigoureuse contrairement au droit commun ; hypothèse d'une aliénation immobilière, p. 62. — Solutions données par la jurisprudence, p. 64. — Réfutation, p. 68. — Point de vue auquel se place la jurisprudence, p. 69. — La question doit être différemment posée, p. 69. — La sanction consacrée par la jurisprudence est disproportionnée avec l'intérêt de la femme, p. 71. — Arguments opposés à notre opinion, p. 73. Réfutation de ces arguments, p. 73. La jurisprudence elle-même détruit leur valeur par ses solutions sur d'autres points, p. 75.

Chapitre II. — De la responsabilité des tiers au point de vue économique, p. 79.

Elle est une application du principe de la conservation des biens dans les familles, conséquences de ce principe dans le droit ancien ; institutions qu'il avait fait naître. — Elles correspondent à la conception de la société antérieure à 1789, p. 79.

Le retrait lignager, motifs de son introduction dans le droit, p. 79. — Le douaire, son but, p. 81. — Remplacement des avantages de cette dernière institution par un ensemble de dispositions conformes au régime moderne, p. 82. Des substitutions, p. 82. Le droit ancien réagit lui-même contre les abus de cette institution, p. 83.

Principe moderne, la libre circulation des biens, justification de ce principe, p. 84. Exceptions à ce principe, maintien du régime dotal dans le droit moderne, p. 86. — Il est contraire au développement des affaires, notion déjà perçue sous l'ancien régime. — Lettres patentes de 1664, p. 87. Examen des diverses restrictions à la faculté d'aliéner maintenues dans le droit moderne, p. 88.

CHAPITRE III. — De la responsabilité des tiers au point de vue moral, p. 91.

Les effets sont mauvais au point de vue moral, p. 91. Motifs de l'incapacité de la femme sous le régime dotal, Idée de tutelle, p. 92. — Différence avec la clause de remploi opposable aux tiers, p. 93, immoralité de cette clause. Enrichissement injuste, p. 95. Elle suscite l'esprit de fraude chez les époux, p. 97, chez les autres membres de la société, p. 99.

Conclusion, p. 101.

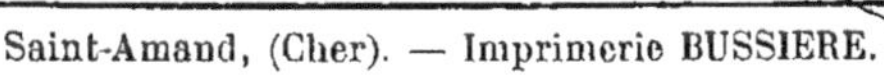

Saint-Amand, (Cher). — Imprimerie BUSSIERE.

www.ingramcontent.com/pod-product-compliance
Ingram Content Group UK Ltd.
Pitfield, Milton Keynes, MK11 3LW, UK
UKHW012048240726
13965UKWH00003B/1138

9 782013 074360